Fabricador de instrumentos de trabalho, de habitações, de culturas e sociedades.
o Homem é também agente transformador da História. Mas qual será o lugar
do Homem na História e o da História na vida do Homem?

A IGREJA E A EXPANSÃO IBÉRICA (1440-1770)

Título original:
The Church Militant and Iberian Expansion

© The Johns Hopkins University Press, 1978

Tradução: Maria de Lucena Barros e Sá Contreiras

Revisão: Pedro Bernardo

Capa: FBA
Na capa: «Primeira missa rezada nas Américas» (óleo sobre tela), séc. XIX,
de Pharamond Richard (1805-73)
© Bridgeman / AIC

Depósito Legal n.º
361153/13

Biblioteca Nacional de Portugal – Catalogação na Publicação

BOXER, C. R., 1904-2000

A igreja e a expansão ibérica : 1440-1770. - Reimp. - (Lugar
da história ; 11)
ISBN 978-972-44-1601-4

CDU 94(46) "1440/1770"
272
325

ISBN: 978-972-44-1601-4
ISBN da 1ª edição: 972-44-0797-7

Paginação:
MA

Impressão e acabamento:
PENTAEDRO
para
EDIÇÕES 70, LDA.
Junho de 2013 (1981)

Direitos reservados para todos os países de Língua Portuguesa

EDIÇÕES 70, uma chancela de Edições Almedina, S.A.
Avenida Fontes Pereira de Melo, 31 – 3.º C – 1050-117 Lisboa / Portugal
e-mail: geral@edicoes70.pt

---

www.edicoes70.pt

Esta obra está protegida pela lei. Não pode ser reproduzida,
no todo ou em parte, qualquer que seja o modo utilizado,
incluindo fotocópia e xerocópia, sem prévia autorização do Editor.
Qualquer transgressão à lei dos Direitos de Autor será passível
de procedimento judicial.

C. R. BOXER
A IGREJA E A EXPANSÃO
IBÉRICA (1440-1770)

Agradecimentos

Estou muito grato ao presidente e membros do Departamento de História da Universidade de Johns Hopkins pelo convite que me dirigiram para proferir as conferências James Schouler em março de 1976. Estou igualmente reconhecido pela hospitalidade manifestada nessa ocasião e pela eficiência da organização a cargo do Professor John Russel-Wood. As conferências são publicadas na forma como foram proferidas, mas nas notas de pé de página poder-se-á encontrar documentação adicional e ilustrativa.

O Autor

Prefácio

Quando me deram a honra do convite para proferir estas quatro Conferências Schouler, em 1976, o presidente do Departamento de História escreveu-me: «Sei que já anda há muito a estudar os cleros indígenas nos impérios ultramarinos das potências europeias. Assim, sugiro o tema da "Cristianização dos povos não europeus em África, Ásia e Américas, 1415-1825".»

Ao aceitar este amável convite, modifiquei um pouco o tema sugerido. Como se pode ver pelo título do livro, as conferências concentram-se mais nos objetivos e atitudes dos ramos português e espanhol da Igreja Católica do que nas opiniões e atuação do papado em Roma. Como é óbvio, estes dois temas não se podem separar completamente e estiveram umas vezes em harmonia, outras em conflito. Penso que esta controvérsia está suficientemente documentada no texto; mas poderia ter sido mais desenvolvida se o tempo e o espaço o permitissem. É igualmente evidente que o formato limitado de uma série de conferências não permite uma cobertura mais completa. Por isso, restringi-me a considerar quatro aspetos mais importantes da empresa missionária portuguesa e espanhola.

O primeiro capítulo trata dos problemas raciais suscitados pela educação e formação de um clero indígena entre povos de origens étnicas e meios culturais muito diferentes dos da Península Ibérica. Mostra como, depois de mais de um século de quase total indiferença por este problema, o papado começou a pressionar seriamente a ordenação de candidatos indígenas aptos para o sacerdócio como normalmente – embora nem sempre, encontrava oposição nos representantes das duas coroas ibéricas. Também aflora a questão controversa da escravatura de negros africanos, contrastando com a indiferença do papado face aos horrores do comércio de escravos da África Ocidental, com os protestos declarados de alguns, se bem que pouco representativos, clérigos ibéricos a título individual. O segundo capítulo trata dos problemas culturais inerentes à apresentação do dogma católico a povos que desconheciam totalmente esta religião. Também analisa sumariamente as próprias reações variáveis dos missionários às fés desconhecidas e pouco familiares que encontravam além-mar. O terceiro capítulo diz respeito a quatro problemas cruciais de organização: relações entre o clero regular e secular; a missão como instituição de fronteira, do México às Filipinas; os dois padroados reais ibéricos (padroado e *patronato*) da Igreja colonial; o papel da Inquisição no ultramar. O quarto capítulo debate outros três assuntos que resultam dos primeiros três capítulos: a qualidade e quantidade dos convertidos feitos pelos missionários da Igreja militante em África, América e Ásia; alguns casos específicos da persistência da idolatria e do cristianismo sintético; o fluxo e refluxo do entusiasmo missionário refletido nas razões que inspiraram os conquistadores espirituais do século XVI e as dos seus sucessores nos duzentos anos que se lhe seguiram.

A grande maioria dos missionários espanhóis e portugueses tinha consciência de ser a vanguarda da Igreja, bem como súbditos leais das respetivas coroas. As suas convicções e os seus objetivos não eram necessariamente partilhados pelos outros colegas europeus, embora assim acontecesse em muitos casos. Mas, para bem ou para mal, os pioneiros espirituais ibéricos desempenharam um papel vital na expansão ultramarina europeia, que iniciou o nascimento do mundo moderno.

Capítulo I

Relações Raciais

A atitude da Igreja face às relações raciais é um tema complexo, vasto e controverso. Por isso, este capítulo irá tratar dois aspetos principais: a) o clero indígena e b) a escravatura dos negros.

As razões desta escolha são fáceis de encontrar. Durante este período, quase todos os verdadeiros crentes consideravam que a Bíblia Sagrada, em que se baseava sobretudo o ensinamento da Igreja, era uma obra de inspiração divina, de validade universal para todas as épocas, para todos os lugares e para todos os povos. Assim, se a Igreja tolerava – ou advogava – a barreira entre as raças e se não punha objeções à «legítima» escravização dos negros africanos não batizados, não havia qualquer razão para que os leigos tivessem escrúpulos ou dúvidas sobre tais assuntos. Aliás, é interessante observar como os religiosos reagiam à aproximação e ao contacto contínuo com raças para lá dos limites da cristandade (Ameríndios do outro lado do Atlântico, Congoleses na África Ocidental, Japoneses na Ásia) ou vagamente conhecidos até então (Indianos e Chineses) na Europa medieval. À medida que os navegadores ibéricos, os missionários, os mercadores e homens de armas se espalhavam pelo globo, formavam-se convicções e atitudes que duraram séculos e ainda hoje permanecem em nós, em maior ou menor grau.

Para a grande maioria dos europeus ocidentais, os preconceitos raciais e a escravatura do negro foram inseparáveis durante séculos. A Igreja podia proclamar a uma só voz a fraternidade entre todos os crentes; mas podia também sancionar implícita ou explicitamente a segregação entre raças e a escravatura. Quando povos novos ou desconhecidos eram trazidos ao seio da Santa Madre Igreja, por que razão, para muitos deles, mesmo após várias gerações, era difícil ou impossível serem ordenados padres? E porque foram outros «legitimamente» escravizados durante mais de três séculos? Este capítulo não responde a todas estas questões, preocupa-se com os factos concretos e não com especulações teológicas. Mas debate acontecimentos importantes neste campo complexo e controverso, em que estavam diretamente envolvidos o orgulho e a exclusividade da Igreja.

O clero indígena

Por muito desejado que fosse em teoria o desenvolvimento do clero indígena, na prática tal clero levou muito tempo a desenvolver-se na maior parte dos países fora da Europa e em certas regiões só muito recentemente existe de forma significativa. Em muitos locais e durante longos períodos, a criação de um clero nativo responsável era combatida pelos próprios missionários que a deveriam desejar – e esta observação aplica-se tanto a protestantes como a católicos. Fosse qual fosse a teoria, na prática o clero indígena de cor via-se confinado a um papel estritamente subalterno em relação aos sacerdotes brancos europeus, principalmente quando estes últimos eram membros de ordens religiosas – o clero regular em oposição ao clero secular. Um rápido estudo dos acontecimentos ocorridos em três continentes ao longo de três séculos explicará como surgiu esta discriminação e o tempo que perdurou nas regiões do ultramar controladas ou reivindicadas pelas duas coroas ibéricas, Portugal e Castela, respetivamente.

O clero da África Ocidental

Como consequência das viagens de descoberta e comércio dos Portugueses ao longo da costa ocidental de África durante o século xv, muitos destes africanos foram levados para Portugal, principalmente como escravos, mas alguns como homens livres ou posteriormente libertos. Alguns destes últimos

RELAÇÕES RACIAIS

receberam uma educação religiosa; o mais antigo caso registado é o do rapaz negro raptado e entregue aos frades franciscanos de S. Vicente do Cabo, em 1444, e que, depois, se tornou frade dessa ordem – presumivelmente um irmão laico, embora o cronista que nos serviu de fonte se mantenha vago neste ponto([1]). Zurara também nos conta que, no ano seguinte, foi capturado outro rapaz negro perto das margens do rio Senegal, a quem o Infante D. Henrique educou em Portugal, possivelmente com a ideia de o fazer regressar a África como padre missionário([2]). O senegalês morreu antes de chegar a adulto, mas este precedente foi seguido durante a segunda metade do século xv. Não temos números fidedignos de quantos efetivamente regressaram à África Ocidental como catequistas, padres ou intérpretes; embora isso fizesse certamente parte dos planos da coroa, principalmente depois de estabelecidas relações cordiais com o reino banto do Congo, durante o reinado de D. João II. O médico alemão Jerome Münzer que visitou Portugal em 1494, onde foi hospitaleiramente recebido por este monarca, declara ter visto muitos mancebos negros que tinham sido, ou estavam a ser, educados em latim e teologia, com o objetivo de os fazer regressar à ilha de S. Tomé, ao reino do Congo ou qualquer outro lugar, como missionários, intérpretes e emissários do rei D. João II. Münzer acrescenta: «Parece provável que, com o decorrer do tempo, a maior parte da Etiópia [*i. e.*, a África Ocidental] se converta ao cristianismo. Também dois impressores alemães para lá foram (S. Tomé), um de Nördlingen e o outro de Estrasburgo. Tenhamos esperança de que voltarão sãos e salvos porque essa região não é saudável para os Alemães.»([3])

O mais célebre destes padres africanos educados em Lisboa, que regressaram à sua pátria, foi D. Henrique, filho do grande rei do Congo, Afonso I, consagrado bispo titular de Útica por um papa um tanto relutante, Leão X, em 1518. Em 1521 voltou à capital do Congo, Mbanza Kongo – agora S. Salvador – no Norte de Angola, mas aí morreu uns dez anos mais tarde, após longa doença. Parece ter-se habituado demasiado durante a prolongada estada em Portugal, pois que em 1526 se queixava de falta de saúde desde o seu regresso a África e do seu desejo de voltar para Portugal. Ainda antes de morrer, o rei

---

([1]) Gomes Eanes de Zurara, *Crónica do Descobrimento e Conquista da Guiné*, cap. 24.

([2]) Gomes Eanes de Zurara, *Crónica do Descobrimento e Conquista da Guiné*, cap. 60.

([3]) Basilio de Vasconcellos, *Itinerário do Dr. Jerónimo Münzer* (Coimbra, 1931), pp. 51, 61-62. Infelizmente, nada mais sabemos acerca destes empreendedores impressores.

Afonso mandara para Portugal vários jovens sobrinhos e primos para serem educados como sacerdotes, na esperança de que dois ou três fossem igualmente consagrados bispos, uma vez que o Congo era demasiado vasto para um só prelado o dirigir adequadamente. Não consta que qualquer deles tenha alcançado a dignidade episcopal, apesar das afirmações de alguns cronistas portugueses, que assim o insinuam[4]. Mas é certo que alguns jovens nobres congoleses continuaram a ir regularmente para Lisboa onde eram educados no Mosteiro de S. João Evangelista, mais conhecido por Mosteiro de Santo Elói. O cronista e humanista João de Barros (*c*. 1496-1570), na sua *Cartilha* de 1539, dedicada ao falecido infante D. Filipe, diz acerca dos quatro chefes paravás do Malabar, chegados então a Lisboa: «O vosso pai (D. João III) ordenou que os albergassem no Mosteiro de Santo Elói desta cidade, para que aí possam estudar com os outros etíopes do Congo, dos quais já fizemos bispos e teólogos, seguramente algo de muito novo na Igreja de Deus, ainda que esteja assim profetizado no Salmo 71.»[5] Alguns destes mancebos congoleses morreram em Lisboa antes de terem completado os estudos e um dos sobrinhos do rei Afonso preferiu tornar-se mestre-escola e casar-se a voltar para o Congo. Com a promulgação de um breve papal em junho de 1518, autorizando o capelão real em Lisboa a ordenar «etíopes, indianos e africanos» que tivessem alcançado o padrão moral e educacional requerido para o sacerdócio, o caminho parecia aberto para a formação em dois continentes de um clero indígena qualificado[6].

É evidente que neste período a barreira entre as raças não interferia propriamente no que respeita ao desenvolvimento de um clero indígena, africano ou indiano; mas não demorou muito tempo para que os preconceitos raciais se fizessem sentir, embora com intensidade variável de tempo e lugar. Em mea-

---

[4] Francisco de Santa Maria, *O Ceo aberto na terra. Historia das Sagradas Congregações dos Conegos Seculares de São Jorge em Alga de Veneza, e de São Jorge Evangelista em Portugal* (Lisboa, 1697), tomo I, caps. 18-20, é responsável por muitas informações enganadoras sobre os congoleses educados em Lisboa, que tiveram aceitação geral até serem recentemente corrigidas por António Brásio, *História e Missiologia. Inéditos e Esparsos* (Luanda, 1973), pp. 257-328.

[5] Salmo 72 na versão autorizada (Rei Jaime). Cf. Maria Leonor Carvalhão Buescu, *João de Barros. Gramática da Língua Portuguesa... reprodução fac-similada, leitura, introdução e anotações* (Lisboa, 1971), pp. 4-5, 240.

[6] Brásio, *História e Missiologia*, pp. 308-313.

RELAÇÕES RACIAIS

dos do século XVI, a projetada evangelização do reino banto do Congo desmoronara-se, apesar de um começo prometedor. Esta história é bem conhecida e não irei repeti-la aqui[7]. Basta lembrar-vos que este desaire se deveu, em certa medida, à grande atração exercida pelo comércio de escravos da África Ocidental, no qual os missionários (ou alguns deles) estavam ativamente envolvidos. Também as doenças tropicais dizimavam o pessoal missionário europeu – nunca muito numeroso –, pugnando assim contra a continuidade do esforço. Apesar disso, um pequeno número de estudantes africanos e asiáticos *(estudantes índios e pretos)* continuava a receber educação religiosa em Santo Elói. É evidente que alguns deles regressaram às suas terras de origem, embora as referências a esse respeito sejam raras[8].

Os crescentes preconceitos raciais contra pessoas de sangue negro africano podem em parte explicar-se pelo desenvolvimento do tráfico de escravos negros, que sofreu um enorme impulso durante o século XVI, com a procura de escravos da África Ocidental para as colónias ibéricas do Novo Mundo. Todavia, a associação do negro africano à escravatura de bens vem de mais longe e vamos encontrar uma primeira referência em *Travels*, do cavaleiro boémio Leo de Rozmital, que visitou Portugal em 1466. Ao despedir-se do rei D. Afonso V e da sua corte, este monarca incitou Rozmital a escolher o presente que quisesse. O boémio pediu dois escravos negros, ao que o irmão do rei desatou a rir, dizendo que ele deveria pedir algo de mais valioso, uma vez que os Portugueses escravizavam anualmente «cem mil ou mais etíopes de ambos os sexos, que são vendidos como gado»[9]. O que era um grande exagero, pois as importações anuais dificilmente somariam um décimo desse número; mas a observação do duque de Viseu sugere que pelo menos as classes altas tinham tendência a olhar os escravos negros, em alguns aspetos, como sub-humanos. Do mesmo modo, não tardou a desenvolver-se um forte preconceito racial em relação aos mulatos, até mesmo na ilha de S. Tomé, onde, em princípios do século XVI, eles constituíam uma elevada percentagem

---

[7] Georges Balandier, *Daily Life in the Kingdom of the Kongo from the 16th to the 18th Century* (Nova Iorque, 1969), pp. 52-58; W. G. L. Randles, *L'Ancien Royaume du Congo des origines à la fin du XIXᵉ siècle* (Paris, 1968), p. 151.

[8] Para alguns nomes e datas ver Brásio, *História e Missiologia*, pp. 892-893.

[9] Malcolm Letts, *The Travels of Leo of Rozmital through Germany, Flanders, England, France, Spain, Portugal, and Italy, 1465-1467*, Hakluyt Society, 2.ª Série, vol. 108 (Cambridge, 1957), pp. 106-107.

A IGREJA E A EXPANSÃO IBÉRICA (1440-1770)

da população. Estas críticas seguiam uma linha comum, tantas vezes repetidas desde então, de que as pessoas de sangue misto herdavam os vícios e não as virtudes dos seus progenitores. Os mulatos eram repetidamente denunciados como sendo «insolentes, maldosos e difíceis de dirigir» ([10]).

No ano de 1571, foi inaugurado em S. Tomé, pelo bispo dessa ilha (fr. Gaspar Cão, 1554-1574), um seminário destinado ao ensino local dos jovens (moços naturais da terra). Vinte e quatro anos mais tarde, dizia-se que todos os padres então no ativo na ilha se tinham graduado nesse seminário. Contudo, fora encerrado em 1585 pelo sucessor de Cão (D. Martinho de Ulhoa, 1578-1591), a pretexto de que os graduados não serviam e que o melhor seria treiná-los em Coimbra, onde comprou uma casa para servir de seminário. Dez anos mais tarde, o bispo seguinte (D. Francisco de Vilanova, 1590-1602) inverteu esta política, apoiando os cidadãos locais que requereram à coroa a reabertura do seminário em S. Tomé, fechando o de Coimbra. Afirmavam que este nunca servira o propósito a que fora destinado porque era muito dispendioso para os ilhéus mandarem os filhos para Portugal e, fosse como fosse, o clima da Europa não lhes era propício. A coroa, através da sua junta consultiva de Consciência e Ordens, enviou esta petição ao ex-bispo Ulhoa, para ouvir a sua opinião, ao que este sugeriu que ela deveria ser rejeitada, alegando que os habitantes pagãos do continente ocidental africano não respeitavam nem desejavam padres e missionários de cor. Preferiam evangelistas brancos, «a quem eles chamam Filhos de Deus». Acrescentava que os jovens mulatos de S. Tomé eram por natureza viciosos e que só mandados para Portugal ainda muito novos aí educados até à sua ordenação conseguiriam alcançar a craveira intelectual e moral requerida. Em vez de perder tempo a tentar educar mulatos e negros para o sacerdócio, afirmava ele, mais valia mandar para a África Ocidental o clero branco pobre, que não tinha benefícios ou meios em Portugal, e educar rapazes brancos órfãos para o sacerdócio no seminário vazio de Coimbra. A princípio, a coroa aceitou conselho do bispo Ulhoa; contudo, o bispo Vilanova parece ter tomado a iniciativa e reabriu o seminário em S. Tomé. Em 1597, declarou que os graduados e os ordinandos constituíam um clero modelar, que não lhe dava preocupações. Os seus sucessores foram, na maioria, muito menos lisonjeiros acerca do clero de cor de S. Tomé; e no princípio do século XVIII existia uma rivalidade muito pouco

---

([10]) S. F. de Mendo Trigoso, *Viagem de Lisboa à ilha de São Tomé escrita por hum piloto Portugues* (Lisboa, s. d.), pp. 51-52, para um exemplo típico.

RELAÇÕES RACIAIS

edificante entre os cónegos negros e mulatos da catedral, e em que ambas as partes recorreram às armas e apelaram para auxílio de Lisboa[11].

Em 1627, o desiludido governador das ilhas de Cabo Verde descrevia a mais antiga colónia europeia da África Ocidental como sendo «o monte de esterco do Império Português». A sua única riqueza provinha da importância da ilha de Santiago como entreposto para o tráfico de escravos da África Ocidental. Os jesuítas mantiveram uma missão nessa ilha e na Alta Guiné, de 1604 a 1642, altura em que a abandonaram devido à elevada percentagem de mortes entre o seu pessoal branco e falta de uma base financeira adequada. O clero secular de Cabo Verde, que eles educaram durante a sua estada nas ilhas, era exclusivamente de cor, merecendo um caloroso elogio do célebre missionário jesuíta padre António Vieira, quando o navio que o levava para o Maranhão aportou por alguns dias em Santiago, em dezembro de 1652. Vieira pregou na catedral no dia de Natal e escreveu acerca do decano e dos cónegos: «São todos negros, mas é apenas neste aspeto que diferem dos europeus. O clero e os cónegos são pretos de azeviche, mas tão educados, com tanta autoridade, tão instruídos, tão bons músicos, tão discretos e tão dotados, que os padres das nossas catedrais bem os podem invejar.» Ele instigou os seus superiores em Portugal a restabeleceram a missão jesuíta e exortou os cónegos locais a oferecerem-se para trabalhar como missionários voluntários no continente. Em nenhum dos aspetos foi bem-sucedido; e, embora os capuchinhos, em 1656, retomassem a tarefa abandonada pelos seus precursores jesuítas, o seminário entrou em franco declínio na segunda metade do século XVIII. Claro que houve sempre honrosas exceções e, numa época anterior, um sacerdote negro, de nome João Pinto, obteve altos louvores de muitos contemporâneos pelo seu trabalho e espírito de sacrifício como missionário «nos rios da Guiné», durante finais do século XVI e princípios do XVII[12].

A conquista e a ocupação portuguesa da costa de Angola e o seu avanço para o interior ao longo de alguns vales de rios, iniciadas em 1575, trazia periodicamente à atenção das autoridades em Lisboa o problema da criação de um clero nativo. Além do mais, a taxa de mortalidade entre os europeus nas regiões infestadas de febres da África Ocidental era tão elevada que o clero branco português não aceitava de boa vontade esse cargo. Como consequência,

---

[11] António Brásio, *Monumenta Missionaria Africana. Africa Ocidental,* 12 vols. (Lisboa, 1952-197?), vol. 3 (1953), pp. 492-495, 552-553. De aqui em diante, esta obra é citada como Brásio, *Monumenta Africa Ocidental.*

[12] Brásio, *História e Missiologia,* pp. 726-734 e as fontes aí citadas.

A IGREJA E A EXPANSÃO IBÉRICA (1440-1770)

de tempos a tempos eram esboçadas sugestões para a criação de um seminário destinado ao clero negro da África Ocidental, noutro local que não S. Tomé ou Santiago de Cabo Verde, embora houvesse opiniões diferentes quanto às vantagens de esta instituição se localizar na própria África ou na Europa. Em 1627-1628, por exemplo, a coroa consultou os jesuítas de Lisboa sobre a conveniência em construir um ou mais seminários em Portugal, especificamente para o ensino e educação de jovens africanos ocidentais, que seriam então enviados para os seus países para aí se dedicarem ao trabalho paroquial e às missões, como ainda sucedia, em menor escala, com os «cónegos azuis» de Santo Elói. Os jesuítas responderam que tais seminários deveriam ser construídos em Angola e não em Portugal, o que seria menos dispendioso para a coroa e traria vantagens aos Africanos. Acrescentavam que, se a coroa decidisse educar estes estudantes negros em Portugal, isso deveria ser feito em Lisboa e não em qualquer das duas outras universidades, Coimbra e Évora. Afirmavam eles que os universitários negros seriam implacavelmente oprimidos e alvo da troça dos seus colegas brancos e tentados a levar uma vida pouco edificante. Os jesuítas alegaram também o indesejável precedente dos rapazes irlandeses educados em Espanha e Portugal, frequentemente relutantes em regressar às tarefas desconfortáveis e perigosas que os esperavam no campo missionário irlandês e que optavam por lucrativos cargos de capelão nas casas nobres da Península Ibérica. Os jesuítas concluíam que seria suficiente ensinar o latim e «casos de consciência» a esses estudantes africanos, ministrando--lhes o que hoje se chamaria um «curso intensivo» de teologia básica. Isso ser-lhes-ia suficiente para atuarem com eficácia no campo missionário africano e evitaria a despesa e a demora de uma longa e rigorosa instrução teológica. Alguns indivíduos excecionalmente dotados poderiam eventualmente ser admitidos em Coimbra e Évora, para educação superior, e, uma vez regressados a África, ser-lhes-iam atribuídos cargos eclesiásticos mais responsáveis, concediam eles. Mas o que os jesuítas efetivamente sugeriam era a formação de um clero africano de segunda linha[13].

Durante todo o século XVII, um vaivém contínuo de propostas para a criação de um seminário destinado à educação do clero da África Ocidental no continente africano, em Luanda ou em S. Salvador do Congo, estabeleceu-se

---

[13] Brásio, *Monumenta Africa Ocidental*, vol. 7 (1956), pp. 225-275, 360, 522-527, 562-565. Cf. *ibid.*, vol. 8 (1959), p. 176, acerca do apoio dado pelo governador de Angola, Fernão de Sousa, à criação de um seminário em Luanda, onde os filhos dos chefes tribais (filhos de sobas) e outros seriam educados, em 1632.

RELAÇÕES RACIAIS

entre estes dois locais e Lisboa. A coroa, quer nas pessoas dos Habsburgos espanhóis (1580-1640) ou nas dos Braganças portugueses (depois de 1640), e também os bispos coloniais concordavam em teoria na utilidade de um clero indígena; mas perdiam-se em discussões intermináveis acerca das vantagens de educar os estudantes em Portugal ou em África. Em conclusão, a coroa nunca concedeu o dinheiro para a criação de um seminário adequado em qualquer dos dois continentes. O pequeno colégio jesuíta de S. Salvador, que funcionou de 1625 a 1669, e o colégio de Luanda, que durou mais tempo, foram ambos originalmente doados por um rico ex-traficante de escravos, Gaspar Álvares (*O menino diabo*), que depois de uma desastrosa experiência sexual se tornou um irmão laico na congregação[14]. Embora os jesuítas recusassem admitir nas suas fileiras negros ou mulatos, educavam-nos nestes colégios para entrarem no sacerdócio secular. Atitude semelhante foi adotada pelas outras ordens religiosas que trabalhavam no Congo e em Angola, entre as quais os capuchinhos italianos, os mais eficazes a partir de 1649. Alguns jesuítas e frades mestiços vinham confirmar o provérbio de que uma andorinha não faz a primavera. Com a fragmentação do antigo reino do Congo, após a batalha de Ambuíla em 1665, a tarefa dos missionários tornou-se mais difícil. O cristianismo, ainda que largamente professado, africanizava-se cada vez mais. O clero negro e mulato de S. Salvador era alvo constante das críticas hostis dos raros padres brancos que se aventuravam tão longe[15].

---

[14] Como graficamente relatado pelo cronista, António de Oliveira de Cadornega, *História Geral das Guerras Angolanas*, 1681, (org.) Manuel Alves da Cunha, 3 vols. (Lisboa, 1940-1942), vol. 3, pp. 312-313.

[15] O seminário de S. Salvador foi essencialmente uma escola primária (escola de ler e escrever) para os filhos dos residentes portugueses e de nobres congoleses; mas eram também ministrados cursos de latim e outros, para os estudantes cujos pais o requeriam. Para um exemplo típico de crítica ao clero de cor congolês, ver a denúncia de um «sacerdote crioulo, muito valido del Rey. Assi chamão là os que tem mistura de dous sangues, e como raramente esta massa inclina para a melhor parte, segundo o que de ordinário vemos, homem vicioso publicamente» (*apud* Brásio, *Monumenta Africa Ocidental*, vol. 5, p. 612). O melhor estudo sobre a animosidade entre o clero secular de cor e o clero regular branco no Congo e Angola é o de Louis Jadin, «Le clergé séculier et les Capuchins de Congo et d'Angola, 16e-17e siècles», *Bulletin de l'Institut-Historique Belga de Roma* 36 (1964). Claro que, uma vez mais, havia exceções, incluindo Francisco Fernandes de Sousa, um padre congolês de Soyo, ensinado pelos capuchinhos italianos e educado e ordenado em Lisboa. Foi um ativo e bem-sucedido missionário no sertão; em 1673-1674, ajudou os missionários flamengos franciscanos; e foi mais tarde nomeado cónego da catedral de Luanda, cargo que ocupou durante muitos anos, para satisfação geral.

A IGREJA E A EXPANSÃO IBÉRICA (1440-1770)

Quaisquer que fossem as críticas feitas ao clero de cor da África Ocidental, e estas críticas adversas nunca cessaram durante mais de três séculos, resta o facto, como o fez notar o bispo Oliveira, de Angola, em 1689, de que esse clero era indispensável, uma vez que a taxa de mortalidade entre os brancos era tão elevada. A reputação da África Ocidental como a «sepultura do homem branco» foi durante anos plenamente justificada, pois só nos séculos XIX e XX foram entendidas as causas e a cura das doenças tropicais. Uma vez passada a primeira euforia de converter o reino do Congo, o clero nascido na Europa tinha grande relutância em ir para lá. Periodicamente apareciam sugestões sobre a obrigatoriedade da ida, mesmo contra vontade. Em 1644, por exemplo, o rei D. João IV fez circular entre os prelados portugueses que estes deveriam para lá mandar todo o clero desnecessário e indisciplinado, ou até mesmo condenado criminalmente, que assim redimiria os seus pecados como missionários. Escusado será dizer que nada adveio de tão enérgicas medidas; mas reflete a convicção generalizada de que era preferível um clero inferior e imoral, fosse ele branco ou negro, a não ter nenhum[16].

O clero da África Oriental

Em contraste flagrante com os persistentes e duradoiros, se bem que apenas parcialmente conseguidos esforços para manter um clero indígena na África Ocidental, não encontramos nada disso na outra costa. Durante mais de três séculos, nenhum sacerdote banto foi ordenado em Moçambique, embora em 1694 e novamente em 1761 fosse alvitrado que se deveriam despender esforços para a criação de um clero indígena. Mas a ordem ditatorial do marquês de Pombal para se fundar um seminário na ilha de Moçambique com este fim foi serena mas eficazmente ignorada pelas autoridades responsáveis. Só em 1875 foi criado um seminário nessa ilha, mas fechou dois anos mais tarde por falta de pupilos. Em 1954, o cónego Alcântara Guerreiro, historiador eclesiástico de Moçambique, comentava, com tristeza, que nem um só padre indígena fora ordenado naquela província.

É verdade que alguns negros oriundos da África Oriental foram ordenados em Goa ou em Portugal, nos séculos XVI, XVII ou XVIII, mas trabalharam na

---

[16] Uma situação semelhante prevaleceu no Brasil colonial, pelas razões explicadas in C. R. Boxer, *The Golden Age of Brazil*, 1695-1750 (Berkeley e Los Angeles, 1964), pp. 131-135, 179-181.

RELAÇÕES RACIAIS

Índia portuguesa e não voltaram à terra onde nasceram. Entre estes incluía-se um frade dominicano, fr. Miguel da Apresentação, sobrinho herdeiro do «imperador» cristianizado de Monomotapa, convertido nominalmente ao cristianismo em 1629. Fr. António Ardizone Spinola, um padre teatino italiano, aristocrata, que conhecera bem este frade em Goa, na década de 1640, escreveu mais tarde: «Embora seja um sacerdote modelo, que leva uma vida exemplar e diz missa diariamente, nem mesmo o hábito lhe confere a mínima consideração, só porque as suas feições são negras. Se o não tivesse visto, não acreditava.» Por outro lado, fr. Miguel recusou um convite dos seus parentes reais bantos para regressar a Monomotapa em 1650, preferindo ficar em Goa, onde se licenciou em Teologia, e se tornou vigário do priorado dominicano de Santa Bárbara, em 1670, vindo a morrer pouco depois[17]. Foi talvez a fr. Miguel, ou a um dos seus parentes, que o coletor apostólico papal em Lisboa, Lorezno Tramallo, se referiu ao escrever para Roma ao cardeal Barberini, em 1633, dizendo que um padre dominicano negro africano ia para Moçambique. E acrescentava: «Sempre fui da opinião de que os nativos deveriam ser promovidos a sacerdotes, mas quase todos os europeus não são desta opinião. Contudo, não tenho tanta fé neles como em S. Tomé (o apóstolo), que confiou nos padres indianos. Estes últimos mantiveram a fé através dos séculos, apesar da distância que os separa da Santa Sé.» Quem quer que fosse este frade negro, não chegou a Monomotapa. O clero e os frades de cor de Moçambique, alvos de tantas críticas hostis por parte das autoridades e dos governadores coloniais durante mais de dois séculos, ou eram mestiços ou, mais vulgarmente, clero secular goês[18].

---

[17] Fr. Ardizone Spinola, C. R., *Cordel Triplicado de Amor* (Lisboa, 1680); C. R. Boxer, *Race Relations in the Portuguese Colonial Empire, 1415-1825* (Oxford, 1963), pp. 56-57, e as fontes aí citadas. Uma carta autografada de fr. Miguel da Apresentação, O. P., endereçada ao rei D. João IV de Portugal em 1650, foi vendida na Sotheby's (Londres) a 9 de abril de 1974 (p. 107 e ponto 678 do catálogo do leilão). O autor do catálogo confundiu a palavra Canarins com Canárias, cometendo assim o erro absurdo de afirmar que o frade rejeitou a oferta do regresso a Moçambique, uma vez que queria trabalhar nas ilhas Canárias (que eram na época território espanhol hostil).

[18] Lorenzo Tramallo ao cardeal Barberini. Lisboa, 9 de julho de 1963, *apud* J. Cuvelier e L. Jadin, *L'Ancien Congo d'après les archives romaines*, 1518-1640 (Bruxelas, 1954), p. 556. Para uma discussão geral dos esforços missionários dos Portugueses em Moçambique e Monomotapa, ver Paul Schebesta, S. V. D., *Portugal's Konquistamission in Sudöst Afrika* (St.º Agostinho, Siegberg, s. d., com prefácio datada de maio de 1966).

O clero goês

Na Índia portuguesa, foi fundado em Goa em 1541 um seminário para educação e ensino do clero indígena. Pouco depois, ficou na posse dos jesuítas e manteve-se sob seu controlo até à dissolução do ramo português da Companhia de Jesus, em 1759-1761. O Seminário da Santa Fé, como primitivamente se chamava, era uma instituição multirracial no sentido mais completo do termo. Nele eram admitidos rapazes de todas as raças e classes, incluindo alguns abissínios e bantos da África Oriental, embora predominassem, naturalmente, os indianos. Os estudantes de cor formados neste seminário eram ordenados padres seculares e até à segunda metade do século XVIII só muito raramente eram admitidos em qualquer das ordens religiosas. A princípio, eram catequistas e auxiliares dos regulares europeus, únicos padres paroquianos durante esse período. Aliás, este clero secular indígena era deliberadamente recrutado só entre as castas mais altas; isto é, entre os brâmanes (como os Portugueses lhes chamaram), mais ou menos convertidos pela força, e, ocasionalmente, entre os xátrias ou casta guerreira. Os cristãos indianos mantinham, e ainda mantêm, as divisões de castas e a proibição de se casar entre si, a despeito da sua conversão ao cristianismo. Contudo, a maior parte das autoridades eclesiásticas e seculares portuguesas não confiava neles; e alguns arcebispos de Goa tinham grande relutância em ordenar qualquer indiano. Dizia-se que um destes prelados, D. Cristóvão de Sá e Lisboa (1610-1622), jurara sobre o missal que nunca o faria[19].

---

[19] Sobre o indicado e o que se segue, ver Boxer, *Race Relations*, pp. 67-68, e as fontes aí citadas, das quais as mais importantes são Carlos Merces de Melo, S. J., *The Recruitment and Formation of the Native Clergy in India, 16th-19th Centuries. An Historico-Canonical Study* (Lisboa, 1955) e Dom Theodore Ghesquière, *Mathieu de Castro, premier vicaire apostolique aux Indes* (Lovaina, 1937). A estes deve-se acrescentar Jacob Kollaparambil, *The Archdeacon of All-India* (Kottayan 10, Kerala, Índia, 1972), e Joseph Thekedathu, S. D. B., *The Troubled Days of Francis Garcia, S. J., Bishop of Cranganore, 1641-1659* (Roma, 1972). Embora o seminário da Santa Fé fosse o mais célebre, mais tarde integrado no Colégio Jesuíta de S. Paulo, em Goa, não era o único no seu género. Todas as ordens religiosas na Índia portuguesa (franciscanos, dominicanos, jesuítas e agostinhos) mantinham instituições similares para o ensino das padres seculares indígenas nos seus respetivos colégios, quando estes já tinham um certo tamanho e importância, e, por vezes, nem isso. Uma lista dos colégios-seminários jesuítas na Ásia pode ser consultada in Francisco Rodrigues, S. J., *A Companhia de Jesus em Portugal e nas Missões, 1540-1934* (Porto, 1935), pp. 56-63.

RELAÇÕES RACIAIS

A primeira brecha na teoria e na prática da superioridade branca na hierarquia eclesiástica da Índia portuguesa deu-se quando um brâmane cristão, Mattheus de Castro, se pôs a caminho de Roma, por terra, em 1625, depois de o arcebispo de Goa ter recusado a sua ordenação. Aí, não só foi ordenado padre como, depois de completar os seus estudos teológicos com grande mérito, foi consagrado bispo de Crisópolis, *in partibus infidelium*, e mais tarde nomeado vigário-apostólico de Bijapur. Embora calorosamente apoiado pelos cardeais da Congregação da Propaganda Fide em Roma, as autoridades civis e eclesiásticas portuguesas em Goa não lhe permitiram que exercesse as suas funções episcopais no seu território, alegando que a autorização papal que ele trazia fora obtida por meios fraudulentos. O seu principal antagonista era o venerável patriarca jesuíta da Etiópia, D. Affonso Mendes, que não tinha escrúpulos em chamar ao seu colega de Crisópolis «esse preto de rabo ao léu». As mútuas acusações destes dois prelados fazem lembrar um dos jocosos comentários de Cunninghame Graham, acerca da controvérsia contemporânea entre os jesuítas do Paraguai e o seu bispo franciscano, Cardenas: «Diz-se que nem no inferno existe fúria igual à da mulher desdenhada, mas um bispo contrariado é já um belo exemplo.» [20]

Posso acrescentar que entre as autoridades portuguesas e alguns clérigos houve sempre quem defendesse o desprezado clero secular canarim, afirmando que este era tão bom, ou até melhor, que os jesuítas e franciscanos brancos e demais clero regular que ocupava a maioria dos cargos e benefícios eclesiásticos mais ambicionados. Entre estes apologistas incluía-se pelo menos um inquisidor de Goa, Pero Borges, homem franco, que redigiu uma enérgica exposição a seu favor, em 1650. Também alguns dos arcebispos os encorajavam e protegiam, principalmente os que sentiam uma certa hostilidade face aos jesuítas, como o altivo D. António Brandão (1675-1678). Mas durante quase três séculos o peso da opinião das autoridades coloniais portuguesas esteve quase sempre contra eles. Tanto as autoridades seculares como eclesiásticas concordavam, de um modo geral, que o clero brâmane deveria ser mantido numa posição subalterna. Durante a primeira metade do século XVIII, as suas oportunidades e a sua importância melhoraram gradualmente, em parte devido à notável atuação dos sacerdotes goeses da Congregação da Oratória de Santa Cruz (fundada em 1691), cuja devoção desinteressada preservou a comunidade católica no Ceilão de ser aniquilada pela

---

[20] R. B. Cunninghame Graham. *A Vanished Arcadia: Being Some Account of the Jesuits in Paraguay* (Nova Iorque, 1901), p. 121.

A IGREJA E A EXPANSÃO IBÉRICA (1440-1770)

perseguição calvinista holandesa [21]. É também significativo que um sacerdote brâmane, Lucas de Sá (1654-1717), conseguisse finalmente ser nomeado para alguns altos cargos eclesiásticos, incluindo o de censor da Inquisição em Goa, a despeito de muita oposição [22]. Mas, de uma maneira geral, o clero goês ou canarim continuou a ser relegado para um papel estritamente subalterno, principalmente por preconceitos raciais, até aos últimos anos da ditadura do marquês de Pombal, 1761-1777. Esta personalidade subtil, de caráter duplo, que reunia muitos dos sentimentos do iluminismo com as formas mais violentas do despotismo, despendeu esforços enérgicos e, em grande parte, bem-sucedidos, para assegurar ao clero indígena da Ásia portuguesa a plena igualdade, tanto em teoria como na prática, face ao clero de origem europeia[23].

Se bem que na Índia portuguesa o clero secular goês fosse durante muito tempo mantido, pela hierarquia eclesiástica europeia, numa posição estritamente subalterna e de estatuto inferior, pelo menos em meados do século XVII este clero indígena não só era já numeroso, como se encontrava firmemente estabelecido. O mesmo se aplica, em menor grau, ao clero negro da África Ocidental. Já o mesmo se não poderia dizer dos países sob domínio da coroa castelhana (ou *patronato*), onde o clero indígena ou era inexistente, ou atingia apenas um desenvolvimento muito mais limitado.

O clero de cor na América espanhola

Como acontecera com os Portugueses no outro lado do mundo, as ordens religiosas que trabalhavam na América espanhola a partir de 1523 não faziam,

---

[21] R. Boudens. *The Catholic Church in Ceylon under Dutch Rule* (Roma, 1957); M. da Costa Nunes (dir.), *Documentação para a história da Congregação do Oratório de Santa Cruz dos Milagres do Clero Natural de Goa* (Lisboa, 1966).

[22] Boxer, *Race Relations*, pp. 68-69, e as fontes aí citadas, às quais deve ser acrescentada a anotação sob o seu nome in Diogo Barbosa Machado, *Biblioteca Lusitana* (vol. 3, pp. 41-42 da reedição em quatro volumes, Lisboa, 1930-1935), insinuando que ele conseguiu o cargo na Inquisição, embora o vice-rei, ao escrever em 1736, declare que não.

[23] C. R. Boxer, *The Portuguese Seaborne Empire, 1415-1825*, Londres e Nova Iorque, 1969 (trad. port.: *O Império Colonial Português* [*posteriormente O Império Marítimo Português, 1415-1825*] col. Textos de Cultura Portuguesa, Edições 70, Lisboa, 1977), pp. 256-257; Claudio Lagrange Monteiro de Barbuda (org.), *Instrucções com que El-Rei D. José I mandou passar ao Estado da Índia, o Governador e Capitão general e o Arcebispo Primaz do Oriente no anno de 1774* (Pangim, 1844).

RELAÇÕES RACIAIS

a princípio, qualquer discriminação racial na admissão de ameríndios e africanos às respetivas instituições; mas, no final do século XVI, estas eram muito rígidas. Na Cidade do México, em 1525, um alto funcionário colonial, Rodrigo de Albornoz, recordando os primeiros esforços portugueses para educar para o sacerdócio os congoleses e outros africanos ocidentais, aconselha a coroa de Castela: «Para que os filhos dos caciques [chefes] e dos senhores nativos sejam educados na Fé, Vossa Majestade deve ordenar a fundação de um colégio em que aprendam a ler e também gramática, filosofia e outras artes, com o fim de serem ordenados padres. Porque o que entre eles assim o conseguir será de maior proveito no atrair outros à Fé, do que seriam cinquenta cristãos (europeus).»[24]

Esta e outras sugestões semelhantes levaram o vice-rei Mendoza e o bispo Zumarraga, em 1536, a fundar o Colégio de Santiago de Tlateloco, que foi entregue aos franciscanos. Os pupilos eram apenas os filhos da aristocracia indígena mexicana e alguns mestiços. A princípio, pretendia-se que o colégio servisse o duplo propósito de formar uma elite cultural que desempenhasse o papel de intérprete e constituísse um laço entre os conquistadores e os conquistados, com a possibilidade de eventualmente admitir alguns dos melhores graduados às ordens menores ou talvez mesmo ao sacerdócio. Esta instituição depressa despertou criticas hostis. Em 1544, o provincial dominicano do México condenou energicamente a ideia de formar um clero nativo. Argumentava que os ameríndios eram mental e racialmente inferiores aos europeus, além de serem potencialmente instáveis e recém-chegados à Fé. Esta atitude obteve rapidamente o apoio geral; e em 1555, o Primeiro Concílio Eclesiástico Provincial do México declarou que não se poderiam conferir as ordens religiosas a ameríndios, mestiços e mulatos, que eram classificados como os descendentes dos «mouros» (*i. e.*, muçulmanos), judeus e demais pessoas declaradas pela Inquisição como intrinsecamente indignas do cargo sacerdotal. O Segundo Concílio Provincial reforçou esta atitude totalmente negativa. O Terceiro Concílio Provincial (1585) atenuou um pouco a rigidez da interdição, proibindo que «mexicanos que descendam em primeiro grau de ameríndios, ou de mouros, ou de pais em que um destes seja negro, fossem admitidos às sagradas ordens sem que fosse exercido o máximo cuidado na sua seleção». Como veremos mais adiante, isto deixou a porta aberta para a

---

[24] Frequentemente reproduzido e de fácil acesso na tradução de H. de la Costa. S. J., in Gerald H. Anderson (org.), *Studies in Philippine Church History* (Ithaca, Nova Iorque, 1969), p. 73.

admissão de certa categoria de pessoas de sangue misto, mas implicava manter-se a interdição para os ameríndios e negros de raça pura[25].

No que diz respeito ao vice-reino do Peru, que abrangia todo o continente sul-americano, exceto o Brasil e Guianas, o Segundo Concílio Eclesiástico Provincial de Lima (1567-1568) proibiu categoricamente a ordenação de ameríndios, mas o Terceiro Concílio (1582-1583) tornou implicitamente menos rígida esta interdição, ao declarar que as regras estabelecidas pelo Concílio de Trento quanto à ordenação dos candidatos ao sacerdócio deveriam ser estritamente observadas[26]. Na prática, todavia, a primitiva interdição de não ordenar ameríndios de raça pura manteve-se em força durante quase todo o período colonial, uma vez que eram legalmente classificados como *gente miserable*.

A princípio, os mulatos, os negros e os grupos raciais afro-ameríndios também eram incluídos nesta última categoria; mas, no século XVIII, era prática, se não teoria, incluir estes sangues mistos na *gente de razón,* deixando os ameríndios isolados com a desagradável distinção de serem *gente apartada de razón.* Em relação aos mestiços, a situação era mais complicada. Nos primeiros anos da colonização de Hispaniola[*], a coroa castelhana encorajara ativamente os casamentos entre espanhóis e ameríndios e não existiam quaisquer barreiras legais contra os mestiços. Mas o constante crescimento de comunidades mestiças depressa veio acompanhado por um aumento dos preconceitos raciais, principalmente depois de 1540, quando, nos vastos vice-reinos do México e Peru, a primeira geração de mestiços continentais atingia a idade adulta. A maioria deles eram ilegítimos e esta presumível falta estendia-se a todos, ao ponto de em 1568 um decreto real proibir os mestiços de serem ordenados «por muitas razões».

Os protestos dos mestiços bem nascidos e de seus influentes pais espanhóis, particularmente no Peru, trouxeram algumas modificações a este parecer, primeiro em Roma e depois em Madrid. Ao cabo de muitos recuos, processos

---

[25] Cf. José A. Llaguno, S. J., *La Personalidad Juridica del Indio y el III Concilio Provincial Mexicano* (México, 1963); Guilhermo Figuera, *La Formación del clero indigena en la Historia Eclesiastica de America, 1500-1810* (Caracas, Archivo General de la Nación, 1965), embora este livro tenha um número excessivo de gralhas.

[26] Sobre os textos dos vários Concílios Eclesiásticos Provinciais do Peru, acompanhados de notas e comentários, ver Ruben Vargas Ugarte, S. J. (org.), *Concilios Limenses, 1551-1772*, 3 vols. (Lima, 1951-1954).

[*] Atual Haiti. (*N. do T.*)

arquivados e legislação contraditória, a coroa de Castela declarou em 1588 que os mestiços podiam receber as ordens, desde que fossem filhos legítimos e que um exame minucioso provasse possuírem todas as qualificações estabelecidas pelo Concílio de Trento para a imposição das ordens sacras[27]. A discriminação, tanto social como legal, era mais dura em relação aos mulatos, devido à associação de um ou mais dos seus antepassados com a escravatura dos negros.

O pensamento subjacente a estas atitudes está bem exemplificado no *De Procuranda Iidorum salute* (*Sobre o Ensinamento do Evangelho nas Índias*), do influente jesuíta José de Acosta (1540-1600), que trabalhara catorze anos no Peru e um ano no México. Nesta obra (escrita em 1577, publicada em 1588), Acosta explica que seria perigoso impor as ordens sacras aos ameríndios, membros de uma raça recém-chegada à Fé, citando precedentes bíblicos e clássicos como justificação (1.6, cap. 19). Admite que a princípio se mostrara partidário da ordenação de mestiços em grande escala, uma vez que eram bilingues e podiam explicar os mistérios da Fé aos ameríndios sem precisarem de intérpretes. Mas a experiência demonstrara que a grande maioria dos mestiços eram indivíduos de má fama e mau caráter, consequência de terem sido amamentados ao peito de mães ameríndias e educados em íntimo contacto com essa raça inferior. Aqui, mais uma vez, Acosta invocava precedentes bíblicos como justificação dos preconceitos raciais, alegando a recusa de Abraão a que seu filho Isaac desposasse uma mulher de Canaã e o desgosto mortal de Rebeca perante a perspetiva do casamento de seu filho Jacob com uma filha de Heth. Acrescentava, como reforço, a acusação de S. Paulo aos Cretenses: «sempre são mentirosos, más bestas, ventres preguiçosos». Acosta terminava com a mesma opinião do decreto da coroa de 1588 (texto que talvez ele tivesse ajudado a inspirar), sublinhando que, embora os mestiços pudessem receber as ordens, isto deveria ser feito apenas em número muito restrito e após rigorosa seleção, clivagem e ensino[28].

Também os que advogavam a formação de um clero indígena citavam precedentes bíblicos que lhes apoiassem a causa. Argumentavam que, uma vez que na Igreja primitiva os judeus e os gentios recentemente convertidos à Fé eram ordenados padres e até consagrados bispos, os mesmos privilégios

---

[27] Figuera, *La Formación del clero indigena*, pp. 336-359.

[28] Texto de fácil acesso in Francisco Mateos, S. J., *Obras del Padre José de Acosta, S. J.*, (Madrid, 1954), encontrando-se o vol. 73 na Biblioteca de Autores Españoles (Continuación) da Real Academia Española, pp. 517-518, 601-602.

deveriam abranger os filhos dos asiáticos, africanos e ameríndios, batizados em crianças, legítimos de nascimento, e bem qualificados noutros aspetos. Podiam evocar e evocavam o breve papal de 1518 (ver p. 14) autorizando a ordenação de africanos e indianos qualificados, pois estes homens conheciam melhor as línguas nativas e com elas poderiam pregar com maior aceitação. Além disso, o povo receberia assim mais facilmente o Evangelho dos lábios de seus próprios irmãos do que de estrangeiros.

À medida que estes e outros argumentos similares surgiam a favor da ordenação dos ameríndios, iam sendo energicamente repudiados pela grande maioria dos frades missionários e prelados diocesanos. Como fr. Gerónimo de Mendieta, O. F. M., explicou na sua *Historia Ecclesiastica Indiana* de 1599: «A maior parte deles não estão preparados para comandar ou governar, mas para ser comandados e governados. Quero com isto dizer que não estão preparados para ser mestres, mas pupilos, súbditos e não prelados e, como tal, são os melhores do mundo.» ([29]) Esta atitude reflete a teoria aristotélica da inferioridade natural de algumas raças em relação a outras – teoria muito popular entre missionários ibéricos e conquistadores ou ainda entre os seus sucessores holandeses, franceses e anglo-saxões como construtores de impérios com «soberania sobre palmeira e pinheiro» e sobre «raças menores sem lei».

Nos fins do século XVI a situação era, na realidade, a de que os ameríndios não eram nunca ordenados padres, e os mestiços só muito raramente. A coroa não tinha qualquer direito canónico para legislar sobre tal assunto; mas há já muito que o papado não possuía nem o poder nem a vontade para contestar o que se fazia no âmbito do patrocínio eclesiástico da coroa de Castela (*patronato, patronazgo*). Todavia, em virtude da sua função episcopal, os bispos coloniais tinham vastos poderes que lhes permitiam conceder dispensas para todas as irregularidades canónicas, exceto as de homicídio voluntário e simonia. Durante o século XVII, é bem claro, através da correspondência entre a coroa, os vice-reis e os prelados coloniais, que alguns bispos utilizavam os seus poderes dispensatórios um pouco livremente, enquanto outros eram muito mais rígidos([30]). Em 1657, por exemplo, a coroa repreendeu severa-

---

([29]) Ver John Leddy Phelan, *The Millennial Kingdom of the Franciscans in the New World*, 2.ª ed. revista (Berkeley e Los Angeles, 1970), p. 69, numa tradução um pouco diferente e com um extrato mais longo.

([30]) Mais documentação pertinente está publicada por Richard Konetzke, *Colección de documentos para la formación social Hispanoamérica, 1493-1810*, 3 vols. em 7 (Madrid, 1953-1962).

RELAÇÕES RACIAIS

mente o bispo de Tucumán por este ordenar praticamente qualquer pessoa que se apresentasse, independentemente da cor, nascimento e qualificações de educação do candidato. Por outro lado, o bispo de Guamanga escrevia a 1 de fevereiro de 1626: «Desde que oficio neste bispado, nunca ordenei mestiços, nem os nomeei párocos de índios, nem o farei no futuro.» D. Juan Palafox y Mendoza, o célebre arcebispo de Puebla de Los Angeles e vice-rei *interim* do México, em 1642, canta-nos na sua obra *Virtudes del índio*, mandada imprimir particularmente em 1650, que conhecia pessoalmente um ameríndio puro na Cidade do México, D. Fernando, filho e neto de caciques, «que fora ordenado e era um sacerdote muito satisfatório». Infelizmente não nos revela o seu apelido; mas este indivíduo era certamente uma *avis rara*.

Em 1668, o arcebispo de Quito, fr. Alonso de la Pena Montenegro (1596--1687), publicou em Madrid um guia destinado aos párocos da América espanhola, *Itinerário para parochos de Indios*, que imediatamente se tornou e permaneceu um modelo *vademecum* sobre o assunto, com várias edições posteriores durante os 150 anos seguintes. Argumentava energicamente que os ameríndios «nem por nascimento ou por sangue são privados do direito a receber as ordens sacras». Ignorando ou contradizendo muita da legislação, tanto da coroa como colonial, que se opunha a que isso fosse permitido, ele insistia que, «pelo contrário, devem ser encorajados e convidados a fazê-lo, desde que sejam indivíduos dotados com a aptidão e qualidades necessárias a um cargo tão sublime», como decretado pelo Concílio de Trento. Sublinhava que os mestiços poderiam também ser ordenados sem que necessitassem de uma dispensa, desde que fossem filhos legítimos e inteiramente qualificados sob outros aspetos. No que dizia respeito à ordenação de negros, era inequivocamente revolucionário. Admitia que alguns canonistas eram contra a sua ordenação, «porque um negro que subisse ao altar para celebrar missa causaria uma considerável consternação entre as gentes brancas cujo contacto com os negros se limita aos que executam as tarefas mais miseráveis e que são, na maioria, escravos. Mas muitas outras autoridades, e algumas de peso, são da opinião de que isto não constitui de forma alguma um impedimento a eles serem ordenados porque nesta parte do mundo onde são tão numerosos e onde alguns deles comandam tropas e exercem outras missões militares, o tornarem-se padres não causará qualquer perturbação; pelo contrário, temos tido nossa experiência com os poucos que receberam efetivamente as ordens, que o povo muito tem sido doutrinado por eles». Infelizmente, não identifica as «autoridades de peso» que advogavam a ordenação de negros, nem onde tinham sido ordenados os padres negros que conhecera. Provavelmente

A IGREJA E A EXPANSÃO IBÉRICA (1440-1770)

vinham da região das Caraíbas onde, por essa altura, os negros na milícia eram razoavelmente numerosos. Fosse como fosse, a despeito da popularidade do livro, os seus apelos para a formação de um clero indígena, ameríndio ou negro, não foram ouvidos. Aliás, é evidente que ele apenas concebia a ordenação de padres ameríndios numa escala bastante modesta. No mesmo capítulo recomendava que alguns deviam ser ordenados (liv. 2, treat. 1, sec. 1) e condenava radicalmente a grande maioria de ameríndios pela sua intrínseca e grosseira barbaridade (*bronca barbaridad*). Eram temperamentalmente incapazes de compreender as mais elevadas verdades cristãs e eram congenitamente cobardes, indolentes, bêbados e preguiçosos. «Em suma, são uma raça miserável.» (*Finalmente son gente miserable.*)[31]

Contrastante com a atitude de Montenegro de la Pena era a do seu colega crioulo, nascido em Lima, D. António González de Acuña, arcebispo de Caracas. Este prelado, quando oficiava numa cerimónia de ordenação na catedral, em 1681, declarou publicamente «que não era sua intenção ordenar qualquer dos presentes que fosse de ascendência ameríndia ou mulata até à quarta geração; e no próprio ato de pousar as mãos em cada candidato, repetia a declaração que não ordenaria, nem estava a ordenar qualquer mestiço, mulato ou uma das castas (sangues mistos)». Esta declaração despertou grande consternação entre alguns dos fiéis quanto à validade dos sacramentos recebidos anteriormente «ao suspeitarem que alguns dos padres que lhos tinham ministrado não eram de raça branca». O problema foi remetido para Madrid e Roma, onde foi examinado pelo Sacro Colégio do Concílio na Cidade Eterna. Aí foi decidido que, embora as ordens conferidas pelo arcebispo a qualquer homem de cor nessa ocasião particular fossem nulas, uma vez que ele expressamente declarara a sua intenção de apenas ordenar brancos, no entanto, todos os prelados nas Índias deveriam saber que de futuro não poderiam ordenar ninguém condicionalmente (*sub conditione*). Esses eclesiásticos deveriam lembrar-se de que, canonicamente, nada havia que impedisse os negros e Ameríndios, ou seus descendentes, de serem ordenados nas sagradas ordens, sempre que os candidatos possuíssem, em todos os outros aspetos, as qualificações requeridas pela lei canónica e pelo Concílio de Trento[32].

---

[31] Alonso de la Peña Montenegro, *Itinerario para parochos de Indios* (Madrid, 1668), pp. 368-371.

[32] Este caso de Caracas está inteiramente documentado in Figuera, *La Formación del clero indigena*, pp. 359-365, 411-425.

Depois de alguma hesitação, esta decisão papal foi aceite pelo governo de Madrid, mas não foi, por certo, amplamente divulgada nas Índias. É verdade que a coroa, por decreto real de 12 de julho de 1691, considerava a criação de colégios seminários na Cidade do México e noutros lugares, em que um quarto das vagas em cada um deles estava reservado aos filhos dos chefes ameríndios; injunção esta repetida noutra cédula real quase seis anos mais tarde (22 de março de 1697). Nada de concreto parece ter resultado destas decisões ou da aprovação pela coroa, em 1685, do projeto do bispo de Chiapas de fundar um pequeno colégio seminário na Guatemala, que admitiria oito estudantes ameríndios, filhos de caciques. Tipicamente, pela mesma altura, a coroa renovava a proibição da ordenação de mestiços e mulatos, a despeito da recente decisão papal a seu favor. Em 1706, o arcebispo de S. Domingos, onde o grosso da população era já de sangue misto, pediu à coroa permissão para ordenar alguns mulatos, embora restringindo-lhes as possibilidades de promoção. Foi-lhes concedida a sanção real nessa condição[33].

A natureza fragmentada, confusa e contraditória de muita legislação eclesiástica e da coroa; a indiferença frequentemente demonstrada por Roma aos problemas raciais do clero colonial; a dificuldade em fazer cumprir, nas Índias, breves papais, constituições e decretos; os preconceitos raciais dos peninsulares e dos crioulos em relação aos homens de cor, todos estes fatores se juntaram e impediram o desenvolvimento de um clero indígena de base alargada, na América espanhola, até já ser demasiado tarde. Em 1769, invertendo finalmente e com firmeza a sua atitude hesitante de séculos, a coroa castelhana enviou ordens categóricas a todos os prelados da América espanhola e das Filipinas para admitirem nos seminários já existentes, e em todos aqueles a criar no futuro, até um terço ou um quarto de ameríndios, mestiços ou filipinos, candidatos ao sacerdócio. Esta exigência foi formalmente incluída nas decisões do Sexto Concílio Eclesiástico Provincial, efetuado em Lima, em 1772. Mas as decisões deste Concílio nunca receberam a aprovação formal, quer do rei, quer do papa, por isso nunca tiveram a força de lei. Refletiam, no entanto, o clima de mudança de opinião em grande parte alimentada pelo iluminismo; mas nenhuma tentativa foi feita para as fazer cumprir, antes de toda a situação ficar comprometida com a eclosão das Guerras da Indepen-

---

[33] Magnus Mörner, *Race Mixture in the History of Latin America* (Boston, 1967), p. 44, n.º 33, e fonte (Konetzke) aí citada. Cf. também R. Konetzke (org.), *Colección de documentos para la formación social de Hispanoamérica*, vol. 2, pp. 551, 691-693, 759-760, 763-764, 774-775, sobre a situação na Cidade do México e Guatemala.

A IGREJA E A EXPANSÃO IBÉRICA (1440-1770)

dência[34]. De facto, o governador-geral das Filipinas, ao escrever à coroa em 1787, declarava terminantemente que não tencionava afastar alguns dos religiosos peninsulares e crioulos das suas paróquias (*doctrinas*), para darem lugar a padres filipinos ou chineses mestiços, como lhe tinham ordenado que fizesse, mesmo que estes últimos possuíssem as necessárias qualificações canónicas. Não podemos confiar na lealdade do clero de cor, afirmava ele, e a experiência de mais de dois séculos demonstrara como a dominação espanhola nas Filipinas dependia diretamente dos frades missionários peninsulares e crioulos que administravam as *doctrinas*[35]. Este era também o ponto essencial da questão nas regiões fronteiriças da América espanhola. Por isso, o clero colonial na América espanhola e nas Filipinas manteve-se predominantemente peninsular e crioulo na sua composição, embora mais numas regiões do que noutras, onde alguns ameríndios, filipinos ou mestiços eram admitidos para funções subalternas.

Ao voltarmo-nos agora para as regiões onde os intrusos europeus tinham de obedecer às leis existentes, sem conseguir impor as suas, como o faziam no mundo colonial, poderemos dar uma breve vista de olhos aos acontecimentos no campo missionário do Japão, China e Vietname, segundo a ordem cronológica da sua penetração.

O clero japonês

A missão jesuíta japonesa foi fundada por S. Francisco Xavier em 1549. A princípio, o progresso foi inevitavelmente lento, mas trinta anos mais tarde já deveria haver uns 100 000 convertidos. O clero nativo não existia; e os japoneses admitidos na Companhia de Jesus não poderiam aspirar a tornar-se mais do que catequistas e humildes irmãos leigos. Francisco Cabral, o supe-

---

[34] Ruben Vargas Ugarte, S. J., *Concilios Limenses, 1551-1772*, vol. 2 (1952), pp. 3-153, e p. v do prefácio do editor.

[35] Horacio de la Costa, S. J., «The Development of the Native Clergy in the Philippines», in Anderson (org.), *Studies in Philippine Church History*, pp. 65-104, e principalmente pp. 72-73. É provável que este artigo particularmente objetivo e bem documentado fique como o trabalho modelo deste tópico. Conta-nos como o filipino comum recebia apenas a educação suficiente para se ressentir da desconfiança e desprezo com que era tratado pela grande maioria dos frades missionários espanhóis e autoridades coloniais, mas que não chegava para ele se aperceber das verdadeiras causas de semelhante trato ou de como as superar. O preconceito racial era o cerne da atitude espanhola.

rior português da missão durante mais de uma década (1570-1581), encarara, a certa altura, a formação de um clero indígena, mas mais tarde alterou esta atitude, ao fazer observações pejorativas acerca do caráter nacional japonês, tais como: «Claro, isso é mesmo de um japonês!»; ou: «Afinal de contas, são pretos e os seus costumes são bárbaros.» Tal como muitos europeus antes e depois dele, Cabral estigmatizou os Japoneses como sendo uma raça inconstante e instável: «Creia-me, Vossa Reverência, aqui tudo é muito diferente. Antes de mais, não têm a disposição natural necessária (vocação para sacerdócio). E depois é também devido ao clima do país à influência das estrelas, pois até parece que uma inquietação incessante e um constante desejo de mudança dominam o coração desta gente.» [36]

Cabral foi substituído no cargo pelo célebre visitador jesuíta italiano, Alexandre Valignano, que depressa se apercebeu da necessidade de formar um clero indígena e admitir sacerdotes japoneses na Companhia de Jesus [37]. Os seus esforços foram habilmente secundados e continuados pelo primeiro bispo residente jesuíta do Japão, Luís de Cerqueira, que, de Nagasáqui, administrou a sua diocese durante dezasseis conturbados anos, 1598-1614. Mas por razões em parte fora do controlo dos jesuítas e em parte devido a hesitações, oposições e apreensões dentro da própria Companhia, o seminário destinado à educação do clero indígena só abriu as suas portas em 1601, com oito estudantes inscritos (dois mestiços portugueses e seis japoneses). Apenas sete graduados japoneses tinham sido ordenados padres seculares (diocesanos) quando a proibição do cristianismo e o começo da perseguição do governo Tokugawa forçaram o seminário a fechar, treze anos mais tarde, altura em que também já existiam sete padres jesuítas japoneses [38]. Tendo em conta os obstáculos encontrados pelos fundadores e defensores do seminário, este resultado estava longe de ser insignificante; mas, como o demonstrou a história da Igreja durante o período seguinte de perseguições, a conclusão é o exemplo clássico de ter sido pouco e tarde.

---

[36] George Elison, *Deus Destroyed: An Early Jesuit in Japan and China* (Cambridge, Mass., 1973), p. 56.

[37] Sobre o conflito entre Cabral e Valignano e as ideias pejorativas do primeiro acerca dos Japoneses, ver Michael Cooper, S. J., *Rodrigues the Interpreter: An Early Jesuit in Japan and China* (Nova Iorque e Tóquio, 1974), pp. 53-54, 174, 179; Elison, *Deus Destroved*, pp. 15, 16, 20-21, 54-56.

[38] Hubert Cieslek, S. J., «The Training of a Japanese Clergy in the Seventeenth Century», in *Studies in Japanese Culture*, J. Ruggendorf, S. J. (org.) (Tóquio, 1963), pp. 41-78.

O clero chinês

Na China, depois de um início ainda mais lento e hesitante, com o decorrer do tempo o clero indígena teve melhor sorte. S. Francisco Xavier morrera na ilha de Sanchoão ao sul do mar da China, em dezembro de 1552, e Matteo Ricci fundara a missão jesuíta em Pequim em 1601; mas o primeiro sacerdote chinês, Lo Wen-tsao (aliás, Gregorio Lopez), só foi ordenado em 1654 pelos dominicanos de Manila. O primeiro padre jesuíta chinês, nascido em Macau, Manuel de Sequeira (Cheng Mano Wei-hsin), só dez anos mais tarde foi ordenado em Coimbra. Apesar do bom trabalho desenvolvido por estes dois sacerdotes indígenas na China continental durante a fase final de uma perseguição que começara em 1664, quando eram os únicos missionários que podiam – e conseguiam – circular livremente, muitos dos seus colegas europeus continuavam muito indecisos acerca da conveniência de formar um clero indígena chinês. Alguns europeus eram a favor da ordenação de chineses que possuíssem um bom conhecimento de latim (em 1668, Sequeira era o único indivíduo com esta qualificação). Outros eram a favor da ordenação de catequistas chineses já idosos, de virtude comprovada, mesmo que pouco ou nada soubessem de latim, desde que Roma consentisse na prática da liturgia em chinês. Outros ainda, incluindo a maioria dos jesuítas portugueses, eram contra a ordenação de chineses num futuro previsível. Este terceiro grupo considerava-os fundamentalmente «cheios de vícios, irresolutos e inconstantes», tal como Francisco Cabral dissera dos Japoneses quase um século antes. Argumentavam eles que os padres indígenas chineses, através da sua (alegada) imoralidade e avidez de lucro, não só se arruinariam a si próprios como também os missionários europeus[39].

Os europeus que eram a favor da admissão dos Chineses ao sacerdócio serviam-se sensivelmente dos mesmos argumentos já utilizados pelos primeiros frades franciscanos no México, durante o século XVI, que advogaram, ainda que brevemente, o mesmo privilégio para os ameríndios. Podemos considerar o belga François de Rougemont (1601-1676) porta-voz dos jesuítas.

---

[39] Sobre isto e o que se segue, ver C. R. Boxer, «European Missionaries and Chinese Clergy, 164-1810», in Michael Pearson (org.), *Festschrift in Honor of Professor Holden Furber* (na imprensa da U. do Havai), e as fontes aí citadas, as principais das quais são François Bontinck, *La Lutte autor de la liturgie chinoise au XVIIᵉ et XVIIIᵉ siècles* (Lovaina e Paris, 1962), e Joseph Kraal, S. J., *China Missions in Crisis. Bishop Laimbeckhoven and His Times*, 1738-1787 (Roma, 1964).

Àqueles de entre os seus colegas que acusavam os Chineses de serem fundamentalmente incompetentes para o sublime cargo sacerdotal, ele retorquia que talvez isso fosse verdadeiro em certos indivíduos, mas seriam os Cretenses «santinhos»? – referência a S. Paulo ao acusar estes ilhéus de «mentirosos e ventres preguiçosos». Seriam os Etíopes e os Indianos assim tão inflexíveis? Não havia também pessoas orgulhosas e corruptas na Europa? Para os Romanos, os habitantes da Ânglia eram considerados bárbaros; no entanto, eram recrutados entre eles padres e bispos exemplares, repercussão da *non Anglia sed Angeli* do papa Gregório Magno. Nem tão-pouco era argumento válido dizer que a tarefa da conversão só seria bem-sucedida quando o imperador da China se convertesse ao cristianismo e o braço secular pudesse ser utilizado como suporte do eclesiástico. Durante três séculos, a Igreja primitiva não pudera contar com o braço secular, e, no entanto, ordenara padres indígenas na Europa. A Igreja deveria agora fazer o mesmo na China, enquanto esperava o aparecimento de um Constantino chinês.

Rougemont argumentava ainda, com razão, que a experiência de oitenta anos demonstrara que muitos catequistas e convertidos se mantinham firmes sob tortura e perseguição. Se houvera alguns apóstatas, também havia um Judas entre os apóstolos. Aflorando um ponto mais delicado, comentou que uma das objeções à formação de um clero indígena era a de que os missionários europeus perderiam eventualmente a autoridade e o controlo que tinham presentemente. Embora o não dissesse, fora feita uma objeção semelhante à formação de um clero nativo no Japão, que fora rejeitada pelo visitador Alexandro Valignano. «Estaremos nós então», perguntava Rougemont, retórico e reprovador, «mais empenhados em manter a nossa autoridade do que em manter e espalhar a Fé?» ([40]).

As diferenças de opinião entre os missionários europeus na China, jesuítas, franciscanos, dominicanos ou da Propaganda Fide de Roma e das Missions Étrangères de Paris, quanto à ordenação dos Chineses e, em caso afirmativo, de que meio social e em que número, continuaram por mais dois séculos. Em que medida e até que ponto deveria ser permitida a liturgia em chinês, vinha complicar ainda mais o problema. Existiam também profundas diferenças de opinião acerca da tolerância ou não dos ritos chineses – formas do culto dos antepassados e respeito devido a Confúcio. Estas diferenças de opinião no campo missionário refletiam as hesitações e mudanças de orienta-

---

([40]) Para uma análise do documento de Rougemont escrito em Cantão em dezembro de 1667, ver Bontinck, *La Lutte autor de la liturgie chinoise*, pp. 113-120.

A IGREJA E A EXPANSÃO IBÉRICA (1440-1770)

ção política de Roma e dos papas seguintes. Como resultado inevitável, o progresso na formação de um clero indígena chinês era lento e incerto. No princípio do século XVIII, existiam talvez entre 200 000 a 300 000 cristãos na China, embora o número mais baixo seja provavelmente o mais verdadeiro. Estes eram servidos por pouco mais de cem padres pertencentes a várias ordens e instituições; mas apenas quatro ou cinco destes homens eram chineses, sendo os restantes europeus[41].

Em 1739, só 18 padres chineses trabalhavam na China continental, contra um total de 76 missionários europeus. Depois, perseguições periódicas, que envolviam a prisão e a deportação – mas raramente a execução –, a estes últimos viriam alterar gradualmente o equilíbrio a favor do clero indígena, pela sua óbvia necessidade. Em 1810, a missão católica na China incluía 113 padres, dos quais 35 eram ocidentais. Isto permitiu finalmente ao clero indígena uma maioria substancial; mas nenhum chinês fora consagrado bispo desde que Gregório Lo (também Lopez; Lo Wentsao) fora promovido a esse cargo, em 1685.

Durante o século XVIII, poucos missionários europeus perderam as suas convicções de superioridade cultural e de raça em relação aos colegas chineses. Mantiveram este complexo de superioridade, embora dependessem cada vez mais do apoio dos catequistas chineses e seus ajudantes. Não é de admirar que estes últimos, por vezes, se ressentissem com isso, embora tenhamos muito pouca informação escrita acerca do clero chinês, em contraste com a volumosa correspondência publicada, e por publicar, dos missionários europeus. Uma das raras exceções é o diário de André Ly[42]. Educado durante quinze anos no Colégio Geral do Sião, seminário mantido pela Société des Missions Étrangères e destinado à educação do clero asiático, principalmente chinês e indochinês, foi ordenado em 1725. Regressando à China, aí trabalhou durante mais de cinquenta anos, principalmente em Fuquiem e Sechuan, até à sua morte em 1774. Durante esse tempo, manteve um diário em latim, que abrange os anos de 1747-1763. No diário, conta como numa ocasião, na presença do legado papal, cardeal de Tournon, todos os missionários europeus se queixaram do orgulho, inconstância e ingratidão dos Chineses, estimagtizando-os como fundamentalmente inaptos para a vocação sacerdotal. Acrescentava que, trinta anos mais tarde, o representante das Missions Étrangères

---

[41] Boxer, «European Missionaries and Chinese Clergy».

[42] Adrien Launay (org.), *Journal d'André Ly* (Hong-Kong. 1906), pp. 233-236.

em Cantão, Antoine Conain, dissera praticamente o mesmo. Durante as perseguições periódicas do século XVIII, a necessidade de consagrar bispos chineses foi regularmente discutida em Roma. Estas discussões eram também regularmente abandonadas, quando as perseguições eventualmente abrandavam, e os padres europeus e vigários apostólicos se encontravam uma vez mais em melhor posição para exercer e manter a sua autoridade.

O clero vietnamita

Embora não houvesse bispos nativos indochineses no período que nos interessa, com o decorrer do tempo o clero indígena vietnamita alcançou uma posição relativamente melhor do que o do Japão, China e Filipinas, face aos seus colegas europeus. Isto é especialmente verdadeiro no Tonquim ou Vietname do Norte – porque esse país, nessa época e por muito tempo, estava dividido entre Norte e Sul, anterior à sua unificação pelo imperador Gia-long, em julho de 1802. A parte sul era vulgarmente denominada Cochinchina pelos europeus, embora este termo fosse originalmente atribuído ao Norte.

O sucesso das missões católicas nos dois Vietnames, a despeito do facto de nunca ter existido em qualquer dos reinos um monarca que patrocinasse os missionários europeus ao ponto em que o fez o imperador K'ang-hsi na China, pode ser atribuído a várias razões. No século XVII, dois missionários franceses notáveis, o jesuíta Alexandre de Rhodes (1591-1660), e François Pallu, bispo titular de Heliópolis e vigário apostólico de Tonquim (1626-1684), foram os principais responsáveis pelo estabelecimento da missão vietnamita em bases sólidas. Ambos estavam profundamente convencidos de que era essencial estabelecer, manter e encorajar um clero indígena solidamente enraizado. Organizaram os catequistas masculinos vietnamitas, e a sua contrapartida feminina denominada *Amantes de la Croix* em grupos comunais rigorosamente organizados e disciplinados, solenemente votados à obediência, pobreza e castidade. Os padrões excecionalmente elevados exigidos a estes catequistas atraíam claramente convertidos de excecional fervor. Como resultado, os catequistas vietnamitas tornaram-se a espinha dorsal da missão, ainda em maior grau do que os seus colegas chineses e japoneses nos respetivos países – o que é já dizer muito. Era-lhes também dado algum treino médico elementar, permitindo-lhes atuar como «médicos descalços», e tiveram acesso fácil a todas as cidades e aldeias. O sucesso destes catequistas pode ser aferido pelo facto de as comunidades cristãs vietnamitas terem, a dada altura (julho de

A IGREJA E A EXPANSÃO IBÉRICA (1440-1770)

1658), cerca de 300 000 convertidos, quando em Tonquim eram apenas permitidos dois padres europeus[43].

Embora os europeus e os Vietnamitas tivessem, a princípio, boas relações e uma cooperação estreita e cordial sob a orientação do dinâmico Alexandre de Rhodes, alguns missionários europeus há muito que permaneciam hesitantes em ordenar o clero indígena em número considerável. Estas dúvidas não eram compartilhadas por François Pallu, que em vão insistia com Roma para que fossem consagrados vários bispos vietnamitas. Em 1659-1669, foram ordenados nove padres tonquineses, e a partir daí o progresso foi muito maior, tanto no Vietname do Norte como no do Sul. A rivalidade entre os missionários jesuítas portugueses do Padroado, os missionários franceses do M. E. P. e os vigários apostólicos, também complicava as coisas. Mas, em 1689, os jesuítas acordaram formalmente em «persuadir vigorosamente todos os cristãos a terem o respeito devido para com os padres da sua própria raça (...) e serem proibidos de falar deles desdenhosamente, sob pena de que tal desdém recaísse nos vigários apostólicos que os tinham ordenado, depois de os examinarem e porem à prova as suas virtudes durante vários anos».

A despeito de crises de perseguições intermitentes, algumas delas graves, em 1737 a missão norte-vietnamita contava com cerca de 250 000 cristãos, num país cuja área era cerca de metade da França. Destes convertidos, cerca de 120 000 pertenciam aos jesuítas portugueses da província do Japão, que incluíam quatro jesuítas europeus, três jesuítas vietnamitas e três padres seculares vietnamitas. O M. E. P. dava assistência a cerca de 80 000 cristãos, com quatro padres europeus e dezasseis vietnamitas. Os cinco agostinhos descalços italianos da Propaganda Fide tinham cerca de 30 000 convertidos e os quatro dominicanos espanhóis de Manila cerca de 20 000; ambas as ordens com maior número de padres vietnamitas do que europeus. Estas estatísticas são interessantes quando comparadas com as da China em 1739, onde existiam cerca de 120 000 convertidos chineses e 76 missionários europeus, mas apenas 18 padres chineses.

---

[43] Henri Chappoulie, *Aux origines d'une Eglise. Rome et les missions d'Indochine au XVIIe siècle*, 2 vols. (Paris, 1943-1948); Henri Bernard-Maitre. S. J., «Le P. de Rhodes et les Missions d'Indochine» in *L' Histoire Universalle des Missions Catholiques*, (org.) Simon Delacroix, 4 vols. (Paris, 1956-1959), vol. 2, *Les Missions Modernes* (1957), pp. 53--69; Adrien Launay (org.), *Lettres de Fr. Pallu*, 2 vols. (Paris, 1904); *idem, Documents sur le clergé tonkinois par Mgr. Neez* (Paris, 1925); *idem, Histoire de la mission de Tonkin. Documents Historiques, 1, 1658-1717* (Paris, 1927).

Sião e Camboja

Nos reinos vizinhos do Camboja e do Sião, o budismo *Hinayâna* (com fortes laivos de hinduísmo no caso do Camboja) ofereceu muito mais resistência às missões cristãs do que o budismo *Mahâyâna* do Vietname menos ortodoxo. Graças, em grande parte, aos esforços de François Pallu, o M. E. P. mantinha no Sião um seminário florescente, onde eram educados os padres indígenas da China e do Sudeste Asiático. Esta instituição sobreviveu à extinção da influência política francesa em Banguecoque e Aiutia na sequência do sangrento episódio de Constantine Phaulkhon, em 1688: mas os convertidos siameses e birmaneses foram sempre muito raros.

O Camboja, embora considerado um campo missionário relativamente periférico e pouco importante em comparação com a China e os dois Vietnames, onde se concentravam os principais esforços missionários, dá-nos, contudo, um curioso exemplo da arrogância racial europeia e da sua presunção cultural. Dois missionários franciscanos, o bispo Valerius Rist e fr. Serafino Maria de Borgia, fundaram uma modesta missão no Camboja, em 1724. Obtiveram uma *chapa* ou autorização do rei, altamente favorável, cujos termos tinham sido ditados por eles próprios. Incluíam as estipulações de como não só podiam converter livremente em todas as classes e construir igrejas onde quisessem, como também teriam completa e exclusiva jurisdição sobre todos os convertidos, incluindo o direito a «obrigá-los a manter a religião, infligindo castigos e penalidades». Provavelmente o rei kmer nunca pensou seriamente em dar seguimento a esta concessão e os dois franciscanos foram severamente repreendidos pelo arcebispo de Goa pela sua intrusão num campo missionário reivindicado pelo Padroado português. Mas o incidente serve para demonstrar a que extremos alguns dos representantes da Igreja chegariam quando pensavam poder fazê-lo impunemente [44].

A Igreja e a escravatura dos negros

Durante quase quatro séculos, a atitude da Igreja face à escravatura dos negros era, se assim se pode dizer, altamente permissiva. A série de bulas

---

[44] Achilles Meersman, O. F. M.. «Bishop Valerius Rist. O. F. M., e Serafino Maria de Borgia, O. F. M., «Missionaries in Cambodia and Cochinchina, 1724-1740», *Archivum Franciscum Historicum*, vol. 57 (Florença. 1964), pp. 288-310.

A IGREJA E A EXPANSÃO IBÉRICA (1440-1770)

papais a autorizar e encorajar a expansão portuguesa, promulgadas a pedido dessa coroa entre 1452 e 1456, deu aos Portugueses ampla latitude no que se refere à subjugação e escravização de quaisquer povos pagãos que encontrassem, se estes fossem «inimigos do nome de Cristo». Os Portugueses aproveitaram as vantagens destas bulas e em 1460 tinham já desenvolvido um florescente comércio de escravos na África Ocidental. Verificámos que, em 1466, o duque de Viseu se gabava de que africanos da costa ocidental, de ambos os sexos e de todas as idades, eram comprados e vendidos «como gado» nos mercados de escravos de Lisboa e Porto. Um breve papal, de 7 de outubro de 1462, é por vezes citado como prova de que o papado condenava o tráfico de escravos africanos; mas este documento apenas ameaça com censuras aqueles que raptassem, comprassem ou vendessem convertidos *cristãos* nas ilhas Canárias e na Guiné. Nem declara nem insinua qualquer condenação pela escravização de pagãos. Assim, vários breves e bulas citados por apologistas clericais (e outros) como denunciando o comércio de escravos negros, ao serem examinados, não provam nada disso. Referem-se aos paulistas luso-brasileiros que atacaram as reduções jesuítas do Paraguai, durante os séculos XVII e XVIII, e cujas atividades esclavagistas, exclusivamente dirigidas contra os ameríndios, despertaram a condenação papal instigada pelos jesuítas espanhóis[45].

Poder-se-ia pensar que as palavras da bula *Sublimis Deus*, promulgada pelo papa Paulo III, em junho de 1537, embora em princípio dirigida contra a escravização de ameríndios, poderia incluir também africanos e asiáticos,

---

[45] J. Margraf, *Kirche und Sklaverei seit der Entdeckung Amerikas oder: Was hat die Katholische Kirche seit der Entdeckung Amerika's theils zur Milderung theils zur Aufhebung der Sklaverei gethan* (Tubingen, 1865), prova isto de forma convincente, reproduzindo na íntegra, ou em parte, os documentos papais mais importantes. A carta autocongrulatória do papa Leão XIII aos bispos do Brasil acerca da (muito atrasada) abolição da escravatura nesse país em 1888, está cheia de inexatidões históricas e pretensões totalmente injustificadas sobre uma anterior oposição papal à escravatura de negros. Estas pretensões fátuas foram desmascaradas por William R. Brownlow, *Lectures on Slavery and Serfdom in Europe* (Londres e Nova Iorque, 1892), e mais recentemente por John Francis Maxwell, *Slavery and the Catholic Church* (Chichester, 1975), pp. 115-119. Maxwell não menciona nem o livro de Margraf de 1865, nem o de Brownlow de 1892, nem um artigo muito pertinente de Rayford W. Logan, «The Attitude of the Church and Slavery Prior to 1500», *Journal of Negro History 17* (1932), pp. 466-480. Mas embora nada acrescente de novo ao que estes autores anteriores expuseram, apresenta-nos a triste história da cumplicidade da Igreja até aos nossos dias.

40

RELAÇÕES RACIAIS

dado que, em determinado passo, se lê: «Os ditos Índios e todos os outros povos que poderão vir a ser descobertos pelos cristãos não devem ser privados da sua liberdade ou da posse de seus bens, mesmo que não estejam dentro da fé em Jesus Cristo.»[46] Mas nem o próprio papado nem as coroas de Castela e Portugal extraíram daí qualquer ilação, nem a validade das primeiras bulas pró-portuguesas de 1452-1456 foi assim de algum modo impugnada. A própria Igreja era, e continua a ser, nos impérios coloniais ibéricos, uma instituição em escala maciça de capital escravo. Não só isso como, durante séculos, os rendimentos do bispo e da instituição eclesiástica de Angola eram financiados pelos lucros do comércio de escravos[47]. Nas plantações de açúcar dos jesuítas (e outras) da América espanhola e portuguesa eram empregados escravos negros, bem como nos trabalhos domésticos, tanto aí como nas Filipinas e na Ásia e África portuguesas. Aliás, quando a Igreja, já tardiamente, denunciou a escravização de raças «civilizadas», como a japonesa chinesa, nunca estendeu esta condenação, quer explícita quer implicitamente, aos negros de África. As bulas papais de 1452-1456, que autorizavam explicitamente a escravatura dos negros da África Ocidental, eram ainda citadas por escrito como canonicamente válidas pelo «iluminado» bispo de Pernambuco, José Joaquim da Cunha de Azeredo Coutinho, na sua defesa do tráfico português de escravos africanos, em 1798-1806[48].

Era notório que apareciam sempre alguns indivíduos originais que *condenavam* o comércio de escravos africanos como sendo em si mesmo injustificado, anticristão e imoral. Estes incluíam o próprio Bartolomé de las Casas; mas só o fez no fim da vida e sem expressar publicamente esta retratação ao seu anterior apoio à escravatura dos negros. Portanto, a sua mudança tardia de pontos de vista não exerceu qualquer influência, uma vez que não foi conhecida, ou pelo menos divulgada, senão no século XIX. O único prelado preeminente que condenou sem reservas o comércio de escravos africanos foi Alonso de Montufar, arcebispo do México. Ao escrever à coroa, em junho de 1560,

---

[46] *Apud* Charles Gibson, *The Spanish Tradition in America* (Nova Iorque, 1968), p. 105.

[47] C. R. Boxer, *Portuguese Society in The Tropics: The Municipal Councils of Goa, Macao, Bahia and Luanda, 1510-1800* (Madison, Wis., 1965), pp. 131-133 e fontes aí citadas.

[48] Publicado pela primeira vez em francês em Londres, 1798, em português em Lisboa, 1808. A edição prefaciada por Sérgio Buarque de Holanda, *Obras Económicas* (S. Paulo, 1966) é a mais acessível.

A IGREJA E A EXPANSÃO IBÉRICA (1440-1770)

fazia notar que todos os argumentos apresentados contra a escravização de ameríndios lhe pareciam igualmente válidos para os negros africanos, à parte o facto de o próprio tráfico português de escravos estar pejado de abusos notórios e anticristãos. Por isso, delicado mas irónico, pedia ao rei Filipe que o esclarecesse sobre este problema e o informasse de como se justificava a escravização de negros africanos. Nunca obteve resposta; e é talvez pouco provável que, na realidade, esperasse receber alguma. Seja como for, a sua pertinente pergunta só veio a ser publicada dois séculos mais tarde[49].

Na verdade, cinco anos antes de Montufar redigir a sua carta acusadora, aparecera publicada uma condenação, singularmente franca, do tráfico de escravos da África Ocidental e da própria escravatura. O autor, padre Fernando Oliveira, era um frade dominicano português, renegado, que se fez clérigo itinerante. No decurso de uma carreira singularmente anticonvencional e variada, foi tutor dos filhos do cronista João de Barros (1496-1570), autor da primeira gramática portuguesa (1536) e de um manual pioneiro da guerra naval (1555). Esteve também, a dada altura, ao serviço de Henrique VIII de Inglaterra, de Francisco I de França, foi prisioneiro dos Mouros na Berbéria e viu-se em dificuldades com a Inquisição, em Lisboa, pelas suas ideias altamente originais e pouco ortodoxas. Na sua *Arte da Guerra do Mar* (1555), dedicava todo um capítulo à violenta denúncia do tráfico português de escravos da África Ocidental. Declarava, sem rodeios, que não existia uma «guerra justa» contra muçulmanos, judeus ou pagãos que nunca tinham sido cristãos batizados e que estavam prontos a traficar pacificamente com os Portugueses. Atacar as suas terras e escravizá-los era uma «manifesta tirania» e não servia de desculpa dizer que eles se entregavam ao comércio de escravos entre si. Um homem que compra uma coisa que foi vendida indevidamente é culpado de pecado; e se não houvesse compradores europeus, não existiriam vendedores africanos. «Fomos os inventores de tão vil comércio, até então nunca praticado ou conhecido entre seres humanos», escrevia o indignado padre num trecho que honra mais o seu coração do que a inteligência. Rejeitava com desprezo os mercadores que alegavam que, ao comprarem escravos, salvavam almas, retorquindo que os negociantes de escravos se dedicavam a esta sórdida atividade apenas pelo seu lucro imundo. Não só os escravos afri-

---

[49] Publicado pela primeira vez por Francisco del Paso y Troncoso, *Epistolario de Nueva España, 1505-1818*, 16 vols. (Cidade do México, 1939-1942), vol. 9 *1560-1563* (1940), n.º 490, pp. 53-55.

RELAÇÕES RACIAIS

canos eram comprados juntos em manadas e tratados como gado, como os seus filhos nasciam e cresciam nessa servidão degradante, mesmo quando os pais eram cristãos batizados, coisa para a qual não havia justificação moral [50].

O livro de Fernando Oliveira foi publicado com a licença da Inquisição portuguesa, mas a sua influência, se a teve, foi mínima. Tanto quanto sei, nunca foi citado por contemporâneos e foi obviamente ignorado por Roma. Presentemente, parece só existir uma cópia do livro e o seu esclarecido autor era manifestamente uma voz que clamava no deserto.

Dois livros espanhóis contemporâneos conseguiram ter maior circulação e, por consequência, uma melhor divulgação, ambos denunciando os abusos do tráfico português de escravos da África Ocidental, embora os respetivos autores não se aventurassem a atacar frontalmente a própria instituição da escravatura. Fr. Tomás de Mercado, O. P., *Suma de tratos y contratos* (Sevilha, 1569, 1571, 1573, 1587), e o seu colega, de falas mais francas, fr. Bartolomé de Albornoz, O. P., *Arte de los contractos* (Valência, 1573), tinham estado no México e ambos denunciavam, por experiência própria, os horrores e abusos do comércio esclavagista. Albornoz, um dos primeiros professores da Universidade do México, criticava Mercado por não levar as coisas mais longe; mas enquanto o livro de Mercado teve quatro edições em três décadas, a obra de Albornoz é quase tão rara como a de Oliveira. Presentemente, parecem só existir duas cópias; embora eu não consiga encontrar justificação para a asserção corrente de que a raridade da *Arte de los contractos* resultava de ter sido banida pela Inquisição. Não aparece mencionada em qualquer das listas de livros proibidos que consultei, embora nelas apareça outra obra de Albornoz (e por publicar), com a qual tem sido confundida por sucessivos bibliógrafos e historiadores, copiando-se uns aos outros [51].

Durante o século XVI, os raros eclesiásticos que criticavam o tráfico de escravos eram dominicanos (embora Oliveira acabasse como padre secular),

---

[50] A *Arte de Guerra do Mar*, publicada em Coimbra em 1555, foi reeditada pela primeira vez a partir da única cópia existente (na Biblioteca Nacional, Lisboa) numa edição de Quirino da Fonseca e Alfredo Botelho de Sousa em Lisboa, 1937. Ver pp. 23-25 desta edição [está disponível na coleção «Arte da Guerra», de Edições 70, uma edição fac-similada e prefaciada pelo almirante Silva Ribeiro da *Arte da Guerra do Mar* (2009)].

[51] Ver Don Betancourt, da Universidade de Indiana, *Spanish Colonial Critics of Black Slavery: Controversy and Conclusions* (no prelo) para uma discussão documentada sobre este problema.

A IGREJA E A EXPANSÃO IBÉRICA (1440-1770)

mas no século XVII apareceram os jesuítas, a começar pelo livro de Alonso de Sandoval, *Naturaleza, policia sagrada y profana, costumbres y ritos, disciplina y catechismo evangelico de todos Etiopes* (Sevilha, 1627). Nesta obra notável, Sandoval (1576-1651), que passou mais de quarenta anos no entreposto esclavagista de Cartagena de Índias, fez um primeiro levantamento etnológico dos diferentes povos que eram trazidos como escravos da África Ocidental para o Novo Mundo. Denunciava, igualmente, a infâmia e os horrores do tráfico de escravos da África Ocidental, principalmente o praticado pelos comerciantes portugueses, com pormenores bem documentados e muitas vezes comoventes. É verdade que nunca contestou abertamente a validade da escravatura como instituição, como também Mercado (que ele cita frequentemente) o não fizera. Mas as reformas que ele sugeriu que fossem introduzidas na regulamentação da escravatura eram tão avançadas que, se postas em prática, esta ter-se-ia efetivamente tornado impraticável e resultaria no seu abandono ou abolição. A sua obra teve uma segunda edição em 1647, revista e alterada (mas incompleta e sem melhoramentos). Parece não ter tido qualquer efeito na prática do tráfico de escravos; embora Sandoval tivesse inspirado o conhecido S. Pedro Claver, um jesuíta catalão, nos seus abnegados esforços para mitigar os seus horrores em Cartagena de Índias[52].

Na década de 1680, tanto Carlos II, o «embruxado» de Espanha, como D. Pedro II de Portugal tiveram algumas dúvidas acerca da validade do tráfico de escravos da África Ocidental; mas os seus escrúpulos de consciência foram abafados pela convicção dos seus ministros (e talvez dos seus confessores) de que se este comércio fosse abolido, os respetivos impérios americanos não mais seriam economicamente viáveis. Atitude idêntica foi adotada pelo jesuíta padre António Vieira (1608-1697), o incansável e sincero campeão dos ameríndios no Brasil e Maranhão. Embora reconhecesse francamente num dos seus sermões que muito poucos negros de Angola tinham sido legitimamente escravizados, também realçava que o seu sangue, suor e lágrimas ali-

---

[52] Acerca das fontes portuguesas e correspondência de Sandoval, ver C. R. Boxer, *Salvador de Sá and the struggle for Brazil and Angola, 1602-1686* (Londres, 1952; reeditado Westport, Conn., 1957), pp. 237-241. Existe uma reedição da *Naturaleza* de 1627 (que utiliza o título da edição corrigida de 1647 *De Instauranda Aethiopium Salute*, por A. Valtierra, S. J., publicada em Bogotá, 1956 (Biblioteca de la Presidencia de Columbia, vol. 22). Sobre S. Pedro Claver, ver Stephen Clissold, *The Saints of South America* (Londres, 1972), pp. 173-201.

RELAÇÕES RACIAIS

mentavam e sustentavam o Brasil, que não podia dispensar o seu trabalho forçado, sob qualquer pretexto[53].

Precisamente o mesmo argumento foi utilizado pelo conde Johan-Maurits de Nassau-Siegen como justificação para a escravatura de negros no Brasil dos Países Baixos, durante o seu governo (1637-1644). Foi também repetido *ad nauseam* pelos apologistas britânicos da escravatura durante o século XVIII, um dos quais caracterizava os escravos negros como «a força e o sustentáculo deste mundo ocidental». Tanto católicos como protestantes encontravam ampla justificação no Antigo Testamento e, em certa medida, no Novo, para a escravatura como instituição. Só com a influência do iluminismo francês, os crescentes escrúpulos dos quacres e os esforços dos humanitários ingleses do fim do século XVIII, o tráfico de escravos veio gradualmente a ser atacado de uma forma séria, coordenada e com argumentos que se tornariam irrespondíveis. Mas a contribuição do Vaticano para esta nova visão foi praticamente nula até ao ano de 1839 – e muito pouca entre essa data e 1888, quando foi finalmente abolida a escravatura no Brasil.

A Bíblia, e principalmente o Antigo Testamento, servia de arsenal de textos de apoio, não só acerca da validade da escravatura e do tráfico de escravos, como também dos preconceitos raciais contra os negros. Segundo opiniões diversas, seriam descendentes de Caim, que fora amaldiçoado por Deus, ou de Ham, amaldiçoado por Noé, e estavam por isso condenados à servidão perpétua. É evidente que os defensores dos negros, como Sandoval, podiam também citar as Escrituras a seu favor, dando como exemplo a Rainha do Sabá e Gaspar, um dos três Reis Magos, mas estes argumentos não eram tão convincentes. Também o bom senso era ocasionalmente utilizado para combater os preconceitos raciais. «E pode haver» – perguntava retoricamente António Vieira no Sermão da Epifânia de 1662 – «maior inconsideração do entendimento, nem maior erro do juízo entre homens, que cuidar eu que hei de ser vosso senhor porque nasci mais longe do sol, e que vós haveis de ser meu escravo, porque nasceste mais perto?» E ainda: «Um etíope que se lava nas águas do Zaire fica limpo, mas não fica branco; porém, na água de batismo sim, uma coisa e outra.» Todavia, esta antecipação do poema protestante «Sou negro, mas oh, minha alma é branca», não impediu Vieira de defender até ao fim dos seus dias, como Las Casas o fizera durante quase toda a sua longa

---

[53] C. R. Boxer, *A Great Luso-Brazilian Figure: Padre António Vieira, S. J.*, Concílios Hispânicos e Luso-Brasileiros, Série Diamante n.º 5 (Londres, 1957; reeditado em 1963). pp. 22-23, sobre a atitude de Vieira acerca da escravatura de negros.

A IGREJA E A EXPANSÃO IBÉRICA (1440-1770)

vida, que a melhor forma de assegurar a liberdade dos ameríndios era aumentar a importação de escravos negros da África Ocidental. Como também o inegável facto de a mãe de Cristo, a Virgem Maria, ser judia, pouco ou nada fez para deter, durante séculos, a maré de antissemitismo na Europa cristã, assim os indivíduos negros de ambos os sexos eram considerados essencialmente inferiores ou, muitas vezes, sub-humanos, embora um ou dois deles fossem popularmente reconhecidos como santos.

É frequente dizer-se que as ordens religiosas, e particularmente os jesuítas, tratavam relativamente bem os escravos, com certeza melhor do que o leigo comum. Eu próprio tenho essa ideia; mas ainda são necessárias mais investigações neste campo para que estatísticas fidedignas nos levem a uma conclusão. Fosse como fosse, a Igreja também atuava como meio de controlo social sobre os escravos; tal como o fazia com as classes pobres e trabalhadoras da Europa, a quem os padres católicos e os ministros protestantes normalmente inculcavam as virtudes de obediência e respeito pelos socialmente superiores – «Deus abençoe o fidalgo e seus parentes, e nos conserve a nós contentes.» (*)([54]) Como escreveu Nicholas Cushner, S. J., num artigo recente: «A versão espanhola do catolicismo, principalmente entre os jesuítas, era particularmente sensível à obediência hierárquica. Aos escravos ensinavam que a sua condição era decidida pelo próprio Deus, que o seu único dever era obedecer aos donos, e que a recompensa disso lhes seria dada no céu.» ([55]) Este era também o tema dos sermões do padre António Vieira aos escravos, quando comparava os seus sofrimentos nos engenhos do açúcar, durante as colheitas, trabalhando noite e dia, aos de Cristo na cruz. Ao persuadi-los a suportar a sua sorte com igual força de espírito e resignação, garantia-lhes uma recompensa adequada no Paraíso. Por outras palavras: «Trabalhemos e rezemos, do ar viveremos, no céu comerão bolos os que vivem como tolos.» (**)

Por tudo isto, é evidente que os defensores da Igreja militante tinham normalmente grande relutância em partilhar o seu estatuto sacerdotal com qual-

---

(*) Tradução livre de: «God bless the squire and his relations, and keep us in our proper stations.» (*N. do T.*)

([54]) Peter Laslett, *The World We Have Lost* (1971), pp. 185-189.

([55]) N. Cushner, S. J., «Slave Mortality and Reproduction on Jesuit Haciendas in Colonial Peru», *Hispanic American Historical Review 55*, Durham, N. C., 1975, pp. 177-199.

(**) *Idem* para: «Work and pray, live on hay, you'll get pie in the sky when you die.» (*N. T.*)

RELAÇÕES RACIAIS

quer povo não europeu, mesmo quando este era cristão há já várias gerações. Mesmo onde os preconceitos raciais se não faziam sentir nos primeiros contactos dos europeus com as gentes de cor do ultramar, isso ocorria invariavelmente com o decorrer do tempo, em menor ou maior grau. A autoridade da Bíblia, as teorias aristotélicas (ou pseudo-aristotélicas) de superioridade ou inferioridade natural de raça, reforçavam a convicção inata dos cristãos em geral, e dos missionários militantes em particular, de que «a Fé é a Europa e a Europa é a Fé», como foi sustentado por Hilaire Belloc. A convicção da superioridade moral e intelectual, que exemplificaremos no próximo capítulo, era reforçada pela pressão crescente imposta na Península Ibérica à «pureza de sangue» (*limpeza de sangue*, em português, *limpieza de sangre*, em espanhol) como requisito essencial para qualquer cargo municipal ou eclesiástico. Originalmente destinada como barreira religiosa racial contra pessoas de origem «moura» (isto é, muçulmana) e judaica, foi rapidamente alargada para incluir os negros de África, devido à sua associação com a escravatura de bens e, com o decorrer do tempo, a quase todos os não europeus. As pessoas de sangue misto eram normalmente olhadas com suspeita, aversão e desdém, graças à falsa crença de que o sangue de cor (*sic*) contaminava o branco, como demonstra a história dos mestiços no império português e dos *mestizos* no espanhol. Em todos os tempos e em todos os lugares, houve exceções. Mas ambos os impérios permaneceram essencialmente uma «pigmentocracia» (usando a expressão de Magnus Morner), baseada na convicção da superioridade racial, moral e intelectual dos brancos, tal como os seus sucessores holandeses, ingleses e franceses.

Capítulo II

Interações Culturais

Como observou Peter Gay no seu trabalho estimulante e modelar sobre o iluminismo: «Mesmo o cristão mais moderado tem de considerar a sua religião absolutamente verdadeira (todas as outras, portanto, radicalmente falsas) e os pagãos como precursores involuntários, ou inimigos incorrigíveis, ou almas miseráveis não iluminadas.» [1] Esta convicção, válida durante séculos para a grande maioria dos europeus, estava, inevitavelmente, ainda mais enraizada nos missionários que iam para o ultramar converter os «pagãos ignorantes». Estes modernos apóstolos, quer eles fossem sacerdotes e frades ibéricos do século XVI, ou evangelistas protestantes do século XIX, estavam convencidos de que possuíam a única chave para a salvação neste mundo e no outro. A convicção profundamente enraizada de que só a sua religião representava «o Caminho, a Verdade, a Vida», e que todos os outros credos eram fundamentalmente falsos ou lamentavelmente deformados, era a crença inabalável e inevitável de qualquer indivíduo com vocação missionária.

---

[1] Peter Gay, *The Enlightenment: The Rise of Modern Paganism*, 2 vols., Nova Iorque, 1967, vol. 1, p. 170.

Não sei quem inventou o adágio: «A crença de um homem é a superstição de outro»; mas este sentimento de sabor voltairiano dificilmente teria sido inventado por um missionário. Na sua maioria, os missionários europeus estavam predispostos a considerar-se os portadores não só de uma religião superior, como de uma cultura superior, ambas inseparavelmente entrelaçadas. É notório que alguns missionários modificaram os seus pontos de vista a este respeito depois de uma maior experiência no campo missionário. Mas, na maior parte deles, a convicção básica da superioridade religiosa e cultural manteve-se até ao fim; se assim não fosse, dificilmente teriam continuado como missionários. Convencidos como estavam da superioridade moral – e normalmente material – do cristianismo ocidental, só o missionário de exceção se dava ao trabalho de perder tempo a estudar profundamente os livros sagrados (onde os havia) e as crenças básicas daqueles que tentavam converter, como o fizeram, por exemplo, Sahagún no México, Ricci na China e Nobili na Índia. Muitos dos portadores da semente evangélica tinham tendência para rejeitar essas crenças como obras do demónio e todas as culturas não cristãs como basicamente inferiores ou estranhamente exóticas. Aliás, os missionários ibéricos provinham de um meio que os não predispunha a manifestar muita curiosidade intelectual acerca da «muita e desvairada gente» com quem contactavam. Como comentava há já alguns anos uma das maiores autoridades, o padre António da Silva Rego, quando ainda se não previa o colapso do império colonial português: «Embora as relações raciais produzam sempre uma troca de cultura – hoje conhecida como aculturação –, na minha opinião, os Portugueses eram recebedores inconscientes e dadores conscientes. Isto é: não estavam conscientemente preparados para receber, ou adaptar-se às condições locais e ao meio ambiente; pelo contrário, estavam mesmo convencidos da superioridade da sua cultura e modo de vida.» [2]

É evidente que houve muitas exceções, como a dos colonos portugueses no interior de Angola e na Zambézia, que, com o decorrer do tempo, se africanizavam cada vez mais. Mas este desenvolvimento não foi o resultado de uma política oficial, mas da falta de mulheres brancas. Por razões óbvias, não afetou da mesma maneira os missionários da Igreja. Dado que as interações entre as culturas cristã e não cristã nas zonas de domínio ou influência ibérica eram

---

[2] A. da Silva Rego, «Portuguese Discoveries and Modern Missionary Apostolate» publicado nos debates de uma conferência em Estocolmo em 1960 e reeditado in *Temas Sociomissionológicos e históricos* (Lisboa. 1962), pp. 45-49. A expressão «muita e desvairada gente» é do cronista português Fernão Lopes (*c.* 1380-*c.* 1460).

INTERAÇÕES CULTURAIS

muito variadas, podemos considerar brevemente alguns desses aspetos. Comecemos por fazer um rápido estudo da imprensa como meio de propaganda cristã, utilizado pela Igreja no mundo não cristão; e depois olhar sucessivamente as várias atitudes missionárias para com as religiões e culturas da África, América e Ásia.

A palavra escrita e a expansão da Fé

A maioria das obras produzidas na imprensa, clerical ou laica, para serem utilizadas no campo missionário, pode ser dividida nas seguintes categorias principais: a) catecismos e outros compêndios dos princípios básicos do cristianismo; b) linguística, incluindo gramáticas, dicionários e vocabulários; c) manuais e guias para o uso dos confessores e padres de paróquia; d) obras edificantes, apologéticas e polémicas.

Os compêndios dos princípios básicos do cristianismo, normalmente intitulados *Doctrina Christiana* ou algo semelhante, traduzidos para os respetivos vernáculos, eram obviamente de primordial importância para os missionários onde quer que estivessem. É possível que uma destas obras tivesse sido impressa para ser utilizada no antigo reino do Congo pelos dois impressores alemães que, segundo os registos, partiram de Lisboa para a África Ocidental em 1492; se assim foi, não temos provas disso. Todavia, o primeiro livro impresso numa língua banto foi uma *Doctrina Christiana* bilingue, em português e quicongo em texto interlinear, publicada em Lisboa em 1624, para uso dos missionários no Congo e Angola[3]. O primeiro catecismo impresso do outro lado do Atlântico foi uma pequena obra em espanhol e nauatle, publicada na Cidade do México em 1539 – exatamente um século antes de aparecer o primeiro livro na Nova Inglaterra. A esta primeira *Doctrina*, seguiu-se um cortejo de outras, compiladas nas principais línguas da Nova Espanha e Guatemala, durante o restante período colonial. A imprensa na América do Sul começou um pouco tarde e nunca foi tão produtiva como a do México; mas o segundo livro publicado no Peru foi uma *Doctrina* em espanhol, quíchua e

---

[3] *Doutrina Cristãa... de novo traduzida na lingua do Reyno do Congo* (Lisboa, 1624). O autor, Matheus Cardoso, S. J. (1584-1625), baseou o seu texto português num catecismo português anterior, de 1561. Cf. também António Brásio, *História e Missiologia. Inéditos e Esparsos* (Luanda, 1973), pp. 437-493.

A IGREJA E A EXPANSÃO IBÉRICA (1440-1770)

aimará (Lima, 1584) e precursora de muitas obras semelhantes nas línguas indígenas desse vasto vice-reino[4].

Em 1554, foi publicado em Lisboa um catecismo em português e tâmil romanizado, em proveito de alguns convertidos mais notáveis que tinham acabado de chegar da Costa da Pescaria do Sudeste da Índia[5]. Três anos mais tarde, foi publicada pela imprensa jesuíta de Goa, que aí se estabelecera um ano antes (1556), uma *Doctrina* de S. Francisco Xavier, só em português, embora não se conheça nenhum exemplar. Esta foi a primeira de muitas *Doctrinas* jesuítas publicadas em todo o mundo, desde a China até ao Peru. Baseava-se na do famoso cronista João de Barros (*c.* 1496-1570), que fora impressa em Lisboa em 1539. Depois, apareceram os catecismos em carateres tâmiles publicados em 1578 e 1579, respetivamente, dos quais existe um exemplar de cada. O primeiro é o exemplo mais antigo conhecido de um catecismo de texto indígena e, como tal, distinto de uma versão romanizada[6]. Em 1584 foi publicado em Chao Ch'ing um catecismo em carateres chineses numa edição em xilografia. O mesmo método foi utilizado para as primeiras *Doctrinas* em espanhol e tagalo e espanhol e chinês, ambas publicadas em Manila, em 1593, existindo presentemente um exemplar de cada[7]. Voltando ao Japão, entre as mais antigas publicações da célebre imprensa missionária jesuíta que aí flo-

---

[4] *Doctrina Christiana y catecismo para instrucción de los Indios y de las demas personas que han de ser ensenadas en nuestra Sancta Fé* (Ciudad de los Reys, 1584). Existe uma cópia na Lilly Library, Universidade de Indiana, com uma nota assinada na parte inferior do frontispício por José de Acosta, S. J., a quem, por vezes, é atribuída a autoria da obra (*Exotic Printing and the Expansion of Europa, 1492-1840. An Exhibit*, Lilly Library, Universidade de Indiana, 1972, p. 17. n.º 14. Daqui em diante citado como Lilly Library, *Exotic Printing*).

[5] Reeditado pelo Museu Nacional de Arqueologia e Etnologia numa edição fac-similada com uma introdução de D. Fernando de Almeida, *Cartilha em Tâmul e Português* (Lisboa, 1970).

[6] Georg Schurhammer, S. J., «The First Printing in Indic Characters» e «Ein seltener Druck. Der Erste gedruckte Tamulische Katechismus», dois artigos das pp. 317-331 do vol. 2 do seu *Gesammelte Studien. Orientalia* (Roma e Lisboa, 1963).

[7] Piet van der Loon, *The Manila Incunabula and Early Hokkien Studies* (reedição de quarenta e três páginas do Philippine Historical Commitee, Manila, do artigo original in *Asia Major*, New Series, vol. 12. pt. 1 (Londres, 1966). Uma edição fac-similada do catecismo em tagalo-espanhol, com uma introdução de Edwin Wolf II, foi publicada pela Biblioteca do Congresso em 1947. O catecismo chinês foi reproduzido numa edição fac-similada com uma introdução de J. Gayo Aragón, O. P., tradução e notas de Antonio Dominguez, O. P., em Manila, 1951.

INTERAÇÕES CULTURAIS

resceu entre 1590 e 1613, vamos encontrar catecismos em japonês romanizado (*romaji*), em carateres japoneses, impressos em 1591-1592[8].

Estes catecismos variam em tamanho, desde escassas páginas até mais de cem, sendo um dos mais volumosos o catecismo na língua dos índios Cariris do Brasil, publicado por um missionário franciscano francês em Lisboa, em 1709[9]. Finalmente, podemos notar que estes catecismos católicos abriram o precedente para a primeira publicação da imprensa missionária luterana dinamarquesa, estabelecida em Tranquebar, na costa Coromandel da Índia, em 1712. Este livro era uma *Doctrina* protestante em português e tâmil, tal como as *Doctrinas* jesuítas publicadas na outra costa (Malabar). A impressora foi fornecida pela Sociedade Promotora dos Estudos Cristãos em Londres.

As obras de linguística publicadas por ou para os missionários foram também de longo alcance. Entre as mais inovadoras, podemos mencionar as primeiras gramáticas em nauatle (*Arte de la lengua Mexicana*, 1571); aimará (1612); guarani (Madrid, 1640, e Puebla de Santa Maria la Mayor, Paraguai, 1724): concani (1640); tagalo (1610); chinês (1703); e japonês (1604-1608). Havia também uma grande variedade de dicionários, começando por um em nauatle, por fr. Alfonso de Medina, O. F. M. (1555), e incluindo um vocabulário tâmil-português publicado pelos jesuítas em Ambalacat (Kerala) em 1679[10]. Estas obras, que tinham a honra de ser impressas muitas vezes depois de anos de esforços na sua compilação, eram complementadas por muitas cópias manuscritas que circulavam juntamente com outras que nunca chegaram a ser impressas.

Este é um aspeto da atividade missionária que mereceu e merece os mais altos louvores. É evidente que estas obras eram empreendidas «para maior glória de Deus», mas são do maior interesse e valor para os lexicógrafos e estudantes de linguística dos nossos dias. O estudo das gramáticas japonesas de 1604-1608 e 1620 (esta última publicada em Macau), do jesuíta português João Rodrigues, é quase uma pequena indústria entre os estudantes japoneses que se dedicam à investigação e publicação da história da sua própria

---

[8] Johannes Laures. S. J.. *Kirishitan Bunko. A manual of books and documents on the early Christian mission in Japan*, 3.ª edição revista e aumentada (Tóquio, 1957), pp. 37--39. 41-43.

[9] Bernard de Nantes, O. F. M., *Katecismo indico da lingua Kariris* (Lisboa, 1709).

[10] Xavier S. Thani Nayagam e Edgar C. Knowlton (orgs.), *Antão de Proença's Tamil Portuguese Dictionarv A. D. 1679* (edição fac-similada de E. J. Brill de Leiden para o Departamento de Estudos Indianos, Universidade de Malaia, Kuala Lumpur. 1966).

A IGREJA E A EXPANSÃO IBÉRICA (1440-1770)

língua[11]. Do outro lado do mundo, os esforços feitos no século XIX e XX para reconstruir a língua de base das extintas tribos tupi do Brasil têm como ponto de partida a primeira gramática compilada pelo missionário jesuíta José de Anchieta (*Arte de Grammatica de Lingoa mais usada na costa do Brasil*, Coimbra, 1595). Além das obras anteriores e muitas outras idênticas publicadas no campo missionário com o qual estavam relacionadas, na Península Ibérica, foram também publicadas valiosas séries de gramáticas e vocabulários de âmbito mundial, pela imprensa da Congregação da Propaganda Fide, estabelecida em Roma em 1622. Mesmo a supressão da Companhia de Jesus em 1759-1773, que implicou a dispersão, prisão e morte dos seus membros, não fez parar o fluxo de publicações jesuítas neste campo, como o demonstram as obras de alguns dos exilados jesuítas em Itália. Basta recordar aqui o padre Lorenzo Hervás y Panduro (1735-1809) e os seus trabalhos pioneiros em filosofia comparativa[12].

Outra parte valiosa e importante são os manuais e guias publicados para uso dos confessores e padres paroquianos. Embora as ordens religiosas dessem grande importância à necessidade de o missionário aprender a língua no seu campo de ação, havia muitas vezes algumas demora antes de o confessor poder ouvir um penitente nessa língua. Via-se então obrigado a recorrer a um intérprete e/ou um *confessionario*. Estes últimos continham as perguntas a ser feitas, como também respostas prováveis, juntamente com as respetivas traduções em espanhol ou português. Estes manuais eram possivelmente mais numerosos em versões manuscritas do que em cópias impressas, mas existem ainda bastantes exemplares destas últimas. Um pioneiro notável deste género foi fr. Alonso de Molina, O. F. M. (*c.* 1513-1585), cujo *Confessionario breve en lengua mexicana*, publicado pela primeira vez no México em 1563-1564, teve muitas edições posteriores. O interesse e importância destes *confessionarios* para os historiadores sociais e antropólogos só recentemente foi reconhecido. Um dos raros estudiosos a utilizá-los é o Dr. Francisco Guerra, que os consultou para o estudo das práticas sexuais dos ameríndios e das drogas alucinatórias, no seu *The Pre-Columbian Mind* (1971).

---

[11] Doi, Tadao, *Kirishitan Gogaku no Kenkyu (A Study of Japanese Christian linguistics*, Tóquio, 1971), é um dos muitos trabalhos do decano dos eruditos japoneses neste campo.

[12] Sobre as contribuições culturais dos exilados jesuítas em geral, ver Miguel Batllori, S. J., *La Cultura hispano-italiana de los Jesuitas expulsos, 1767-1814* (Madrid, 1966), e de Panduro em particular, Thomas Niehaus, «Two Studies on Lorenzo Hervás y Panduro, S. J.», *AHSI*, 44, 1975, pp. 105-130.

INTERAÇÕES CULTURAIS

Se o estudo dos *confessionarios*, desde a China ao Peru, nos diz algo acerca das crenças e psicologia dos convertidos ao cristianismo, os *Guias*, destinados aos padres das paróquias, são igualmente elucidativos da interação entre as culturas ibéricas e do ultramar. Um dos mais interessantes é o já mencionado *Itinerário para Parochos de índios* (Madrid, 1668), por fr. Alonso de la Peña Montenegro. A sua experiência é principalmente da América do Sul; e quanto ao vice-reino do México, temos (entre outros) o *Farol indiano y guia de curas de Indios* (México, 1713), uma obra encantadora em espanhol e nauatle de Manuel Pérez, que exerceu o cargo de professor universitário desta última língua durante cerca de vinte e dois anos [13]. No extremo mais longínquo do império espanhol, podemos citar como exemplo o *Parocho de Indios instruido* (Manila, 1745) por um dos frades missionários espanhóis mais ativos nas Filipinas. É um trabalho de valor sempre atual pela sua história social do país e da época [14]. Os trabalhos edificantes, apologéticos e polémicos produzidos no campo missionário ibérico, quer manuscritos, quer impressos, eram igualmente muito numerosos e dirigidos a amigos e inimigos em todas as frentes. As Vidas dos Santos (*Flos Sanctorum*) eram publicadas em muitas línguas e versões, incluindo uma magnífica edição em tâmil, de 1587, de que existe apenas um exemplar. A Vida da Virgem era naturalmente bastante procurada, incluindo uma edição publicada em Goa, em 1652, da qual existem sete ou oito exemplares. As publicações da fascinante, mas pouco duradoura, imprensa jesuíta no Japão (1592-1613) incluem traduções ou adaptações de obras edificantes de Santo Inácio de Loyola (1596), de fr. Bartolomeu dos Mártires (1596) e de fr. Luís de Granada (1592, 1599, 1611), apenas para mencionar as de autores ibéricos coevos. A lista era evidentemente bem mais longa nos países onde as imprensas das missões podiam funcionar continuamente, como na América espanhola e nas Filipinas e até na China [15]. As obras polémicas formavam, por razões óbvias, um grupo mais pequeno,

---

[13] J. F. Schwaller, «A Catalogue of Pre-1840 Nahuatl Works Held by the Lilly Library», *Indiana University Bookman*, n.º 11 (novembro, 1973), pp. 69-88, especialmente p. 78.

[14] Lilly Library, *Exotics Printing*, n.º 57, p. 31.

[15] Acerca das publicações da imprensa jesuíta no Japão, ver Johannes Laures, S. J., *Kirishitan Bunko*. Sobre trabalhos de missionários nas Filipinas, China e todo o campo missionário, ver R. Streit, O. M. I., e J. Dindinger, O. M. I., *et al.* (orgs.), *Bibliotheca Missionum*, 30 vols. (Aachen e Freiburg, 1916), em cada volume na secção de «Ungedruckte Dokumente und Linguistika», bem como sob o nome do autor e ano de publicação.

A IGREJA E A EXPANSÃO IBÉRICA (1440-1770)

mas podemos mencionar duas, publicadas em Goa. Em 1565, o arcebispo de Goa publicou um opúsculo antijudaico, acompanhado de uma exortação endereçada «ao povo de Israel, que segue ainda a Lei de Moisés e do Talmude, por culpa dos erros e malícia dos seus rabinos»[16]. Quase oitenta anos depois (1642), a imprensa jesuíta de Goa publicou uma violenta diatribe contra a Igreja copta etíope, impressa em carateres abissínios, com tradução em latim[17]. Uma vez que os missionários jesuítas do antigo reino do Preste João tinham sido mortos ou expulsos durante a década anterior e que esse país se manteve fechado ao cristianismo ocidental cerca de dois séculos, é pouco provável que esta última obra alguma vez tivesse chegado àqueles para quem se destinava.

A Igreja militante e as culturas africana e ameríndia

Voltando a nossa atenção para algumas das reações dos missionários da Igreja em relação às civilizações e culturas com que sucessivamente deparavam no ultramar, desde a África tropical às neves do Tibete, vamos encontrar o que a seguir descrevemos. Nos princípios do século XVII, quando a expansão ibérica atingia o apogeu em quase todas as regiões, os intrusos ocidentais tinham tendência para atribuir maior valor às culturas asiáticas, embora as considerassem abaixo do nível da cristandade ocidental; as principais civilizações americanas (asteca, inca, maia) logo a seguir; e os negros africanos disputavam o último lugar com os caribenhos, os Tupis e outros «selvagens» ainda por domar do Novo Mundo. Era esta, na essência, a classificação de civilizações e culturas proposta pelo padre José de Acosta, S. J., embora ele tivesse o cuidado de acrescentar que havia grande variedade e muitas subdivisões dentro dessas três categorias principais. O seu ponto de vista era certamente partilhado pela maioria dos missionários que trabalhavam em África e que estavam habituados a comparar desfavoravelmente o banto não civilizado ou semicivilizado (conforme as opiniões) com os altamente civilizados Japoneses e Chineses.

---

[16] C. R. Boxer, «A Tentative Check-list of Indo-Portuguese Imprints» in *Arquivos do Centro Cultural Português*, vol. 9 (Paris, 1975), n.º 8, p. 573.

[17] António Fernandes, S. J., *Magseph Assetat idest flagelum Mendaciorum contra libellum Aethionicum* (Goa, 1642), in Boxer, «A Tentative Check-list», n.º 25, p. 587.

INTERAÇÕES CULTURAIS

Todavia, algumas pessoas tinham uma opinião relativamente favorável do potencial banto, incluindo alguns dos jesuítas em Angola. A dada altura, relatavam com otimismo: «Os pagãos de Angola são dos povos mais aptos da África e da Guiné para receber a Sagrada Fé porque são muito inteligentes, embora os europeus que não percebem a sua língua os considerem boçais, como também eles nos olham quando não entendem a nossa fala. É esta a razão por que os nossos padres fazem grandes esforços para aprender a língua: porque se o fizermos, podemos conviver com eles, e não será difícil convertê--los todos ao cristianismo.» ([18]) Também um padre jesuíta de considerável experiência da Zambézia lembrava como presenciara um grupo de bantos a ouvirem um fidalgo português a dedilhar na guitarra e ouvira um dos espectadores negros dizer aos companheiros: «Vês, estes selvagens têm instrumentos musicais tal como nós.» O jesuíta traduziu esta observação aos seus compatriotas que, nessa altura, acharam muita graça ([19]). Mas não há razão para supor que lhes abalou a convicção básica de que os negros boçais tinham vindo ao mundo para a conversão das suas almas imortais e escravização dos seus corpos vis.

As reações dos missionários às principais civilizações ameríndias eram mais positivas, pelo menos em alguns aspetos. Não existe nenhum trabalho sobre os Bantos ou sobre os povos sudaneses da Guiné que se compare aos escritos de Bartolomé de Las Casas, O. P., Bernardino de Sahagún, O. F. M., José de Acosta, S. J., e Diego de Landa, O. F. M., sobre as várias culturas ameríndias, para mencionar apenas alguns dos nomes mais conhecidos sobre este assunto. O estudo da obra de Las Casas tornou-se um empreendimento histórico menor (ou maior?) desde que Lewis Hanke divulgou este rico filão a um público mais vasto, há já quase meio século ([20]). A obra de Sahagún está

([18]) Fernão Guerreiro, S. J., *Relação Anual das coisas que fizeram os Padres da Companhia de Jesus nas partes da Índia Oriental, e no Brasil, Angola, Cabo Verde, Guiné, nos anos de 1602 e 1603* (Lisboa, 1605), p. 128.

([19]) António Gomes, S. J., a João Marachi, S. J., Varca, 2 de janeiro de 1648, *apud Studia Revista Semestral*, vol. 3 (Lisboa, 1959), p. 225.

([20]) Para uma recente mas provavelmente não definitiva avaliação de Las Casas e sua obra por Lewis Hanke e outros especialistas, ver a edição de Juan Friede e Benjamin Keen, *Bartolomé de Las Casas in History: Toward an Understanding of the Man and His Work* (Dekalb, III., 1974). Os livros e artigos do professor Hanke sobre Las Casas são demasiado numerosos para virem aqui mencionados, mas o seu *Aristotle and the American Indians: A Study in Race Prejudice in the Modern World* (Londres, 1959) pode ser considerado típico.

57

A IGREJA E A EXPANSÃO IBÉRICA (1440-1770)

agora acessível num formato verdadeiramente monumental[21], mas Diego de Landa é menos conhecido e talvez não sejam despropositadas algumas palavras a seu respeito.

Frade missionário franciscano no Iucatão, de 1549 a 1563, e bispo dessa diocese de 1572 até à sua morte, em 1579, ganhou fama um pouco dúbia pelo seu zelo em investigar e perseguir energicamente práticas idólatras entre os Maias, extraindo amiúde confissões por meio de tortura. Foi também o responsável da destruição pelo fogo de muitos dos textos maios, ou «códices», como são agora chamados, registos de costumes e crenças indígenas. Mas em 1566 compilou uma *Relación de las cosas de Yucatán*, que o seu último editor descreve como sendo o relato mais pormenorizado sobre os antigos Maias que sobreviveu dos princípios do período colonial, quando ainda era possível o contacto com o passado pré-hispânico e o processo da dissolução cultural ainda não estava muito avançado.

A *Relación* destinava-se, provavelmente, à instrução dos futuros missionários. Os métodos de inquirição que utilizava eram semelhantes aos usados por Sahagún no México, embora ele não tivesse a profundidade de raciocínio e objetividade do seu colega. No essencial, o seu contacto consistia em colecionar depoimentos escritos, descrições orais e respostas de testemunhas a uma série de perguntas determinadas. Servia-se de uma ampla variedade de informadores, incluindo alguns dos primeiros conquistadores, vários chefes nativos e representantes das famílias mais notáveis, Xiu, Cocom e Chel. O resultado, a despeito do inevitável preconceito missionário sobre «a religião de um homem é a superstição de outro», é a única descrição dessa época que existe acerca dos costumes, organização social e crenças dos Maias, no tempo da conquista[22]. Refletia também a convicção de Landa de que para converter um indivíduo era necessário primeiro compreender as suas crenças – breve visão do que hoje é já óbvio, mas que não era assim tão comum entre os europeus do século XVI.

---

[21] Org. de Munro S. Edmundson, *Sixteenth-century Mexico: The Work of Sahagun* (Albuquerque, N. M., 1973) serve como uma boa introdução para aqueles que se não sintam com ânimo para se dedicar à edição de doze volumes de Sahagún, *General History of the Things of New Spain*, trad. de A. J. O. Anderson e C. E. Dibble (Santa Fé, N. M., 1950-1963).

[22] A. R. Pagden, org. e trad., *The Maya: Diego de Landa's Account of the Affairs of Yucatan* (Chicago, 1975).

INTERAÇÕES CULTURAIS

A obra fascinante do missionário jesuíta José de Acosta acerca da *Historia Natural y Moral de las Indias* ([23]), publicada em Sevilha em 1590, foi, no seu tempo e para a sua geração, um sucesso literário e, desde então, merecidamente considerada um clássico. Alexander von Humboldt fez o seu elogio incondicional e considerou-o uma obra-prima em geografia física. Nesta e nalgumas das suas outras obras, Acosta demonstra uma apreciação equilibrada das grandes civilizações ameríndias em geral e dos Incas em particular. A sua curiosidade científica permitiu-lhe uma visão global de muitos problemas culturais e etnográficos que até aí eram tratados isoladamente. Os seus trabalhos ainda hoje se consultam com proveito e prazer.

Enquanto a maior parte dos estudos das crenças e costumes indígenas eram feitos por missionários, outros indivíduos houve que deram um importante contributo para o conhecimento do passado americano e das mudanças culturais forjadas aquando da conquista espanhola. Alonso de Zurita, sucessivamente *Oidor* (juiz do Supremo Tribunal) de S. Domingo, Guatemala e México (1547-1565), escreveu uma crítica apaixonada acerca dos maus tratos infligidos aos ameríndios pelos seus novos senhores que lembra as veementes denúncias de Las Casas. Mas o seu *Brief Account of the Lords of New Spain*, compilado cerca de 1590, não teve a mesma fama e notoriedade, ficando por publicar até ao século xx ([24]).

Em contraste com Zurita, que era incondicionalmente pró-ameríndio, o célebre erudito mexicano crioulo, Don Carlos de Sigüenza y Góngora, adotou uma atitude muito mais ambivalente. Expulso da Companhia de Jesus por depravação moral, quando ainda noviço, tornou-se um padre secular, matemático, astrónomo, arqueólogo, poeta e crítico. Foi professor de matemática na Universidade do México, cosmógrafo-real de Carlos, o «embruxado», e rejeitou delicadamente um convite de Luís XIV para se tornar pensionista da corte de Versalhes. Durante anos estudou a história do México no período pré-conquista, colecionando muitos códices e artefactos durante o processo, incluindo os trabalhos do cronista mestiço Fernando de Alva Ixtlilxochital (1568-1648). O motim proletário ocorrido na Cidade do México em junho de 1692, do qual, com grande horror, foi testemunha ocular, provocou uma brusca mudança na

---

([23]) Mais acessível na edição de Francisco Mateos, S. J., *Obras del Padre José de Acosta, S. J.*, Madrid, 1954 (ver citação no cap 1, n.º 28). Ver também León Lopetegui, S. J., *El Padre José de Acosta, S. J., y las Misiones*, Madrid, 1942.

([24]) Benjamim Keen, trad., *Alonso de Zorita: The Lords of New Spain* (Londres, 1965).

A IGREJA E A EXPANSÃO IBÉRICA (1440-1770)

sua atitude para com os ameríndios. Enquanto antes demonstrara uma certa simpatia pela sua condição, a partir daí denunciou-os com «o povo mais ingrato, ignorante, lamurioso e insatisfeito que Deus jamais criou, o mais favorecido com privilégios (da coroa) sob cuja proteção vilmente cometeu crimes e ações condenáveis» [25].

A Igreja militante e as culturas asiáticas

Índia

Ao compararmos a situação na Ásia portuguesa com a da América espanhola, durante a primeira metade do século XVI, verificamos que os missionários portugueses só muito depois dos seus colegas espanhóis da Nova Espanha e Peru estudaram a sério as crenças e culturas daqueles que tentavam converter. Até à altura da chegada dos jesuítas a Goa, em 1542, com novos homens e novos métodos, havia relativamente poucos missionários vindos de Portugal e os resultados eram diminutos. Muitos deles eram franciscanos, mas nunca conseguiram ser a contrapartida dos famosos «Doze Apóstolos» liderados por fr. Martin de Valencia, O. F. M., que tanto contribuíram para a conquista espiritual do México, a partir de 1524 [26]. Como já dissemos, durante muito tempo, nem os primeiros frades nem o clero secular na Asia se preocuparam em estudar os livros sagrados e as crenças religiosas básicas dos seus virtuais convertidos, fossem estes muçulmanos, hindus ou budistas, antes os rejeitavam como obras do demónio. Houve exceções, mas foram poucas e espaçadas no tempo. Incluíam um frade (não identificado) que disse aos inquisidores de Goa, em 1620, que fizera um estudo cuidadoso do hinduísmo em todos os

---

[25] Org. de Irving A. Leonard, *Alboroto y Motin de los Indios de México del 8 de Junio de 1692* (Cidade do México, 1932), pp. 131-132. Ver também de Leonard, *Don Carlos de Sigüenza y Góngora: A Mexican Savant of the Seventeenth Century* (Berkeley e Los Angeles, 1929), e o seu *Baroque Times in Old Mexico* (Ann Arbor, Mich., 1966), pp. 193-228.

[26] Robert Ricard, *La conquête spirituelle du Mexique. Essai sur l'apostolat et les méthodes missionaires des ordres mendiants en Nouvelle-Espagne* (Paris, 1933), é ainda um clássico sobre o assunto, mas deve ser lido à luz dos comentários de James Lockhart em *Latin-American Research Review 7* (Austin, Texas), primavera, 1972; 6-45.

INTERAÇÕES CULTURAIS

lugares onde estivera, não só pela necessidade de o fazer como missionário, mas porque era naturalmente inquisitivo e procurava o conhecimento[27].

A primeira tentativa registada do aproveitamento dos livros sagrados hindus é narrada numa carta de Pedro de Almeida, S. J., de Goa, em 26 de dezembro de 1558. Conta-nos como os jesuítas tinham encontrado na casa de um preeminente hindu um longo poema religioso intitulado *Anadí-Purana*, «no qual estão escritas quase todas as fábulas e falsidades dos seus deuses. Estas estão a ser traduzidas a fim de sabermos das suas fantasias cegas. Na pequena parte traduzida até agora, encontramos a narrativa da origem e criação dos seus deuses e como vieram a este mundo sob diversas formas, tais como a tartaruga, o porco, o peixe, o jacinto e outros absurdos. Descreve, também, as diferentes espécies de deuses e seus nomes», incluindo Rama, Govinda e Ganesh. «Na parte que ainda falta traduzir, esperamos encontrar muitas falsidades, que nos ajudarão a confundir os que nelas acreditam. O homem a quem pertencia esta bíblia foi preso (...) e como castigo dele e da sua espécie, e para favorecer a cristandade, foi exibido nas praças públicas da cidade, com um cabresto, e condenado às grilhetas durante quatro meses.» [28]

O jesuíta inglês Thomas Stevens, que trabalhou quarenta anos na Índia portuguesa (1579-1619), falava fluentemente o marati e compôs um *Purana* cristão, que foi publicado em Rachol em 1616. Escrito no estilo dos *Puranas* hindus, mas impresso em marati romanizado e intitulado (na tradução) *Discourse of the coming of our Savior Jesus Christ to the World*, tornou-se um clássico da literatura vernácula e muito popular entre as comunidades cristãs locais. Cópias manuscritas continuaram a circular até ao século xx. O método de Stevens foi seguido por um jesuíta francês, aliás Estevão da Cruz, que escreveu um *Purana* em marati-concani sobre a vida de S. Pedro, publicado em Goa em 1634[29].

Além destes dois *Puranas* cristãos que tiveram a honra de ser publicados, existiam obras semelhantes que circulavam em manuscritos ou em tradição

---

[27] *Apud* António Baião, *A Inquisição de Goa. Introdução à Correspondência dos Inquisidores da Índia, 1569-1630*, Academia das Ciências (Lisboa, 1945), pp. 320-321.

[28] Carta de Pero de Almeida, S. J., d. Goa, 26 de dezembro. 1558, in org. de A. da Silva Rego, *Documentação para a história das missões do Padroado Português do Oriente, Índia*, vol. 6, 1555-1558 (Lisboa, 1951), pp. 470-471.

[29] Org. de J. L. Saldanha, *The Christian Puranna* (Mangalore, 1907); A. K. Priolkar, *The Printing Press in India: Its Beginnings and Early Development* (Bombaim, 1958), pp. 17-18.

A IGREJA E A EXPANSÃO IBÉRICA (1440-1770)

oral. Um exemplo basta. Em 1626, fr. António Peixoto, um missionário franciscano no Ceilão, encenou uma peça (*comédia*) em verso cingalês sobre o martírio de S. João Batista, que ele próprio escrevera para edificação dos fiéis. «A obra foi representada com grande esplendor, à noite, pois esta gente costuma fazer as suas representações teatrais à noite. A peça foi muito concorrida não só por todos os cristãos locais, como pelos pagãos, que gostam muito de assistir a estes espetáculos, os desfrutam com prazer, apreciando multo a poesia, que têm em grande apreço.» [30]

A tentativa do jesuíta italiano Roberto de Nobili (1577-1656) de converter os brâmanes de Madura assimilando os seus costumes e comportamento até onde fosse compatível com a profissão do cristianismo, foi olhada com desconfiança pela maioria dos seus colegas portugueses, embora tivesse alguns partidários [31]. A fama de Nobili tem eclipsado o trabalho de um jesuíta português, Sebastião Gonçalves (1561-1640), autor de uma *História do Malabar*, compilada em 1615, mas publicada pela primeira vez 340 anos depois. Apesar do seu título, a *História do Malabar* é um manual para os missionários jesuítas que descreve clara e sucintamente a religião, maneiras, costumes e tradições da região costeira do Sudoeste da Índia. Contém uma das mais antigas descrições feitas por um europeu sobre o hinduísmo, com uma secção dedicada à refutação das crenças hindus, opondo-as ao catolicismo, única religião verdadeira. A antipatia do autor pelo hinduísmo faz com que esta parte polémica da obra não tenha grande valor; mas os capítulos anteriores, que descrevem o país, o sistema de castas e as pessoas como eram em 1615, são particularmente interessantes em relação a Tranvancore e distritos costeiros vizinhos de língua dravídica [32].

Um tratado mais pormenorizado sobre o hinduísmo foi compilado em 1616, na missão de Madura, por outro jesuíta português, Gonçalo Fernandes Trancoso (*c*. 1521-1621), mas ficou ignorado nos arquivos jesuítas de Roma, até ser publicado por fr. Josef Wicki, S. J., em 1973 [33]. Nem Gonçalves nem Fernandes conheciam o sânscrito; mas obtinham as informações através de

---

[30] Paulo da Trindade, O.F.M., *Conquista Espiritual do Oriente*, (org.) Félix Lopes, O.F.M., 3 vols. (Lisboa. 1962-1967), vol. 3, p. 148.

[31] Vincent Cronin, *A Pearl to India: The Life of Roberto de Nobili* (Londres, 1959).

[32] Org. de Josef Wicki, S. J., *Diogo Gonçalves, S. J.: História do Malavar* (Münster e Westfalen, 1955).

[33] Org. de Josef Wicki, S. J., *Tratado do Padre Gonçalo Fernandes Trancoso sobre o Hinduísmo, Maduré, 1616* (Lisboa, 1973).

INTERAÇÕES CULTURAIS

intermediários tâmiles e malaios. A mesma limitação se aplica a Francisco Garcia (158?-1659), que foi arcebispo de Cranganor de 1641 até à sua morte. Não tem sido muito bem acolhido pelas críticas dos modernos historiadores eclesiásticos devido à sua atitude controversa para com os cristãos de S. Tomé do Malabar. Mas parece ter sido o primeiro europeu a traduzir diretamente do vernáculo algumas fábulas e folclore indiano, que só seriam conhecidos no Ocidente mais de um século e meio depois. Entre elas contava-se o conto tradicionalmente popular das aventuras do rei Vikrama, *O Homem das 32 Perfeições e Outras Histórias*, que Garcia traduziu de uma versão em marati[34].

É escusado acrescentar que mesmo os missionários portugueses que estudaram a sério, se não mesmo por simpatia, o hinduísmo e a cultura indiana, nunca perderam o seu ponto de vista eurocêntrico de base, nem o orgulho patriótico em Portugal como o *Alferes da Fé*. Típico a este respeito era o padre Fernão de Queiroz, S. J., (1617-1688). Hoje em dia, é conhecido como o autor de um trabalho compacto, embora mal sintetizado, sobre os Portugueses no Sri Lanka, *Temporal and Spiritual Conquest of Ceylon* (1687), que, com todos os seus defeitos de apresentação e prolixidade, é ainda uma fonte primordial sobre o período a que se refere. Queiroz foi também o autor de um curioso livro místico e messiânico, *História da Vida do Venerável Irmão Pedro de Basto* (1689), mencionado no quarto capítulo desta obra.

Uma vida inteira passada na Índia não alterou a vigorosa perspetiva eurocêntrica do missionário. É verdade que inculcou a importância de aprender um ou mais dos vernáculos indianos e criticava muitos dos seus colegas por não saberem distinguir entre o hinduísmo e o budismo. Mas rejeitava radicalmente todas as línguas asiáticas como «bárbaras», embora admitindo que alguma poesia lhe soava bastante bem. Acrescentava que o conteúdo da prosa e do verso orientais não conseguia atingir o nível europeu, com a exceção parcial da literatura chinesa. «Mas incrível é o vigor demonstrado pelos asiáticos na poesia, em que declamam os *Vedas* e os *Puranas*, o que significa as suas escrituras e doutrinas das ciências, tal como são. Mas como, à exceção da China, em nenhuma dessas faculdades atingiram a perfeição, nem a prosa nem a poesia se podem comparar com as obras gregas e latinas, ou com as modernas europeias.»[35]

---

[34] Org. de Josef Wicki. S. J., *O Homem das 32 Perfeições e Outras Histórias. Escritos da Literatura Indiana traduzidos por Dom Francisco Garcia, S. J.* (Lisboa, 1958).

[35] Fernão de Queiroz, S. J., *The Temporal and Spiritual Conquest of Ceylon*, org. e trad., S. G. Pereira, S. J., 3 vols. (Colombo, 1930), vol. 1, pp. 79-80, 116-118.

A IGREJA E A EXPANSÃO IBÉRICA (1440-1770)

China

A aceitação um tanto ressentida de Fernão de Queiroz de que a civilização e cultura chinesas poderiam ser comparáveis às da Europa, exceto pela falta de uma religião verdadeira, reflete uma generalização ocidental amplamente aceite. Remonta ao cronista português João de Barros, ao escrever a sua *Década I* em 1539, só publicada em 1552, ano da morte de S. Francisco Xavier numa ilha costeira no sul do mar da China. Os Chineses retribuíram, de certo modo, o elogio, dizendo que eles tinham dois olhos, os europeus um e todo o resto da humanidade era cega[36]. Embora fossem discutidos seriamente planos para a conquista e conversão da China, em Manila e Malaca, durante o último quartel do século XVI, estes projetos fantásticos nunca foram aprovados pelas autoridades responsáveis de Goa, Lisboa, Cidade do México e Madrid. Têm apenas interesse como demonstração da persistência da mentalidade do conquistador ibérico e do zelo missionário da Igreja, ambos intimamente interligados[37].

A fascinação europeia pela China e o interesse constante do público leitor – ou parte substancial dele – pelo governo, civilização e cultura chinesas foi em grande parte trabalho dos escritores missionários que (depois de 1600) podiam e circulavam através do Reino Médio Florido, enquanto os mercadores e marinheiros europeus se viam confinados a alguns portos de mar, sendo os principais Macau e Cantão.

Um dos maiores sucessos literários do século XVI foi a *Historia de las cosas más notables, ritos y costumbres del gran Reyno de la China*, de Juan González de Mendoza, publicado pela primeira vez em Roma, em 1585. Em finais do século, já tinham sido publicadas, nas principais línguas europeias, trinta edições deste livro. O próprio Mendoza nunca estivera na China, mas o seu livro (compilado no México) é uma síntese habilidosa de anteriores narrativas de portugueses e espanhóis. As suas fontes principais foram o *Tractado* de 1569 do frade português dominicano Gaspar da Cruz, e a *Relación* (1575) do frade agostinho espanhol Martin de Rada. Como G. F. Hudson observou:

---

[36] Padre André Pereira, S. J., a Dr. António Ribeiro Sanches, Pequim, 10 de maio de 1737, *apud* C. R. Boxer, «A Note on the Interaction of Portuguese and Chinese Medicine in Macao and Peking, 16th-18th Centuries», in *Medicine and Society in China*, (org.) John Z. Bowers e Elizabeth F. Purcell (Nova Iorque, 1974), pp. 22-37.

[37] C. R. Boxer, «Portuguese and Spanish Projects for the Conquest of Southeast Asia, 1580-1600», *Journal of Asian History 3* (Wiesbaden/Bloomington, Ind., 1969, pp. 118--136).

INTERAÇÕES CULTURAIS

«O livro de Mendoza vai até à essência da vida da velha China e a sua publicação pode ser considerada o marco a partir do qual o conhecimento adequado da China passou a ser acessível ao mundo erudito da Europa.»[38] Mas fez mais do que isto. Para o setor mais culto dos leitores europeus, a China tornara-se um país invejável, onde a justiça era bem administrada, onde as pessoas andavam satisfeitas, eram trabalhadoras, pacíficas e com grande autodomínio. Apenas no tocante ao tão importante assunto da revelação religiosa, os Chineses não atingiam a mais alta realização do Ocidente; mas Deus, a seu tempo, certamente remediaria esta falta.

Por todo o século XVII continuaram a aparecer regularmente livros sobre a China, respondendo, assim, à procura regular do mercado. A maior parte era de missionários jesuítas, a começar pela narrativa de Matteo Ricci, filtrada na obra do jesuíta belga Nicholas Trigault. *De Christiana Expeditione apud Sinas* (Ausburgo, 1615) e acabando nas *Nouveaux Mémoires sur l'Etat present de la Chine* (Paris, 1696), do jesuíta francês Louis Le Comte. O entusiasmo pela China atingiu o auge durante o século XVIII, com a publicação das séries francesas *Lettres Edifiantes et Curieuses* (1702-1776) e a sua contrapartida austro-germânica, *Welt Bott* (1726-1761). Esta série de publicações continha informações acerca de outras missões, incluindo as da Índia e América hispânica, mas eram os assuntos chineses que despertavam maior interesse. Embora o grosso do conhecimento europeu sobre a China proviesse de fontes francesas, algumas contribuições ibéricas foram importantes, talvez mais conhecidas em edições ou versões estrangeiras do que nos respetivos países. Entre estas, os *Tratados de la Gran China* (1676, 1679) do dominicano espanhol Domingo Fernández Navarrete e as *Doze Excellencias de China* (1688) do jesuíta português Gabriel de Magalhães[39].

Um dos aspetos destes trabalhos e outros semelhantes por vezes esquecido é o de os editores europeus terem utilizado amiúde liberdades com os originais, atenuando ou, então (o que era mais raro), criticando ainda mais os Chineses. Por exemplo, uma leitura cuidadosa da narrativa original de

---

[38] G. J. Hudson, *Europe and China* (Londres, 1931), p. 242.

[39] Existe uma excelente edição da obra de Navarrete por J. S. Cummins, *The Travels and Controversies of Friar Domingo Navarrete, 1618-1686*, 2 vols., Hakluyt Society (Cambridge, 1962). Gabriel de Magalhães, cuja obra teve uma primeira edição em francês, com um título diferente, *Nouvelle Relation de la Chine* (Paris, 1688: tradução inglesa: *A New History of China*, Londres, 1688), tem ainda de encontrar um editor moderno, do qual ficamos aguardando esperançadamente a publicação da tese defendida na Sorbonne por Irene Pih sobre esta notável, se bem que abrasiva, personagem.

fr. Martin de Rada acerca da sua curta mas proveitosa visita a Fuquiem, em 1575, revela que ele foi muito mais crítico em relação à cultura chinesa do que o seu editor mexicano, González de Mendoza, insinua na sua conhecida *Historia* (1585). Embora Rada se desse ao trabalho de reunir uma representativa coleção de livros chineses, que trouxe consigo para Manila, rejeitou desdenhosamente a maior parte deles como contendo apenas o nome e o cheiro (*olor*) dos assuntos de que tratavam. Desprezava bastante as realizações chinesas na astronomia, matemática e ciências naturais. Abria uma exceção para os herbários chineses, que ele achava tão bem ilustrados como as edições europeias coevas de Dioscórides. Chegava mesmo a considerar o conhecimento dos Chineses em alguns assuntos quase ao nível do dos semisselvagens (na sua opinião) Filipinos. González de Mendoza ou omitiu ou atenuou a maior parte das asperezas de Rada na sua *Historia* de *1585*, adotando a opinião mais favorável do seu predecessor português, Gaspar da Cruz, O. P., no seu *Tratado* de *1569* [40].

Posso acrescentar que, no século XVIII, alguns dos missionários jesuítas franceses na China se queixavam da forma como o seu editor parisiense, Père Jean Baptiste du Halde (1674-1743), utilizava o material que lhe mandavam, ou ao qual tinha acesso. Entre estes críticos incluía-se o Père Antoine Gaubil (1689-1759), provavelmente o maior sinólogo do século XVIII. Obviamente, era difícil a Du Halde, que nunca estivera na China, avaliar corretamente toda a informação que recebia e editá-la numa forma simultaneamente piedosa e que estimulasse a curiosidade dos seus leitores. Du Halde também tinha de enfrentar as lucubrações dos «figuristas» jesuítas, que tentavam encontrar nos clássicos chineses alusões veladas ou confirmações evidentes de tradições do Antigo Testamento. Talvez possamos dar a última palavra a Antoine Gaubil, que escrevia de Pequim ao secretário da Real Sociedade de Londres em 1753: «Eu (...) espero que o Sr. Costard e muitos outros senhores ingleses, franceses e demais ponham de lado as suas dúvidas e preconceitos acerca das antiguidades e astronomia chinesa. É, na verdade, muito difícil encontrar o meio-termo entre aqueles que exaltam demasiado a literatura chinesa e os que injustamente a desprezam.» [41]

---

[40] C. R. Boxer. org. e trad., *South China in the 16th Century. Being the Narratives of Galeote Pereira, Fr. Gaspar da Cruz. Fr. Martin de Rada, 1550-1575*, Hakluyt Society (Londres, 1953), pp. xc-xci.

[41] Renée Simon *et al.*, *Le P. Antoine Gaubil, S. J.: Correspondance de Pékin, 1722--1759* (Genebra, 1970), p. 695.

INTERAÇÕES CULTURAIS

Japão

Já vimos que a fértil imaginação de alguns conquistadores ibéricos e resolutos partidários da Igreja militante os levou, em finais do século XVI, a propor muito seriamente a conquista da China, mas nunca tal proposta foi feita para subjugar os seus belicosos vizinhos, os Japoneses. Pelo contrário, os europeus depressa aprenderam a ser cuidadosos na maneira de lidar com esta raça temível. O primeiro recontro armado de que há registo resultou na morte de vários portugueses em 1561. Jan Huighen van Linschoten, que não era confessadamente grande admirador dos Portugueses, comentava este incidente cerca de trinta anos depois: «Isto aconteceu pelo seu horrível orgulho e insolência, pois que em todos os lugares querem ser amos e senhores à custa do desprezo e da humilhação dos seus habitantes, o que não é tolerado em todos os lugares, nomeadamente no Japão, por ser um povo altivo e obstinado.» [42] Mesmo que Linschoten estivesse enganado neste caso particular, não se pode negar que o «orgulho e presunção» caracterizavam o comportamento de muitos europeus na Ásia, desde o tempo de Vasco da Gama até à derrocada ocidental no princípio da Segunda Grande Guerra. Mas as qualidades marciais dos Japoneses eram a garantia de que nem os conquistadores ibéricos nem os seus sucessores holandeses e ingleses os tratariam de um modo tão arrogante como o faziam com os índios, Indonésios ou Chineses.

Os jesuítas e outros missionários que trabalharam e viajaram no Japão durante o período de 1549 a 1614 tinham uma grande vantagem sobre os comerciantes protestantes holandeses, que eram os únicos europeus a quem era permitida a entrada nas ilhas do império entre 1640 e 1852. Conheciam a língua, enquanto os Holandeses, Alemães, escandinavos, e outros funcionários da Companhia das Índias Orientais Holandesas «de louvável e temível fama», confinados a Nagasáqui, estavam proibidos de aprender o japonês e eram obrigados a confiar nos intérpretes indígenas. Os relatos dos missionários, e principalmente dos jesuítas, que foram os pioneiros no Japão e muito mais numerosos do que os frades seus colegas e rivais, há já muito que são reconhecidos como as primeiras fontes para o estudo da história do Japão num dos seus períodos cruciais. As suas cartas do campo missionário, por vezes editadas como medida drástica, tiveram ampla circulação na Europa, entre 1550-1640, embora não despertassem o mesmo interesse mais tarde manifes-

---

[42] *Apud* C. R. Boxer, *The Christian Century in Japan, 1549-1650* (1951: reeditado Berkeley e Los Angeles, 1974), pp. 128-129.

A IGREJA E A EXPANSÃO IBÉRICA (1440-1770)

tado pelas da China[43]. Mesmo assim, em 1575 foram impressas em Alcalá 1000 exemplares de uma edição espanhola das cartas de jesuítas do Japão, que foram distribuídas gratuitamente.

O melhor e mais completo relato do Japão foi a obra do padre português João Rodrigues (c. 1561-1633), cognominado *Tçuzzu* ou «intérprete», devido ao seu extraordinário conhecimento da língua. Com a sua morte ficou incompleta e só recentemente foi tornada acessível de forma satisfatória.

Ao contrário da maioria dos seus colegas e compatriotas, Rodrigues não só conhecia os factos exteriores da cultura japonesa como demonstrava uma apreciação notável dos valores e estética subjacentes na arte e literatura indígenas. As suas descrições analíticas de muitos aspetos da vida japonesa, incluindo etiqueta, festivais e arquitetura, distinguem-se pelos seus pormenores meticulosos. O seu excecional poder de compreensão dos complicados rituais da cerimónia do chá têm impressionado os atuais praticantes. Apreciava com singular sensibilidade a poesia japonesa, sobre a qual escreveu um magistral ensaio introdutório na sua gramática japonesa de 1604-1608. Esta foi a primeira descrição elucidativa de um ramo da literatura do Extremo Oriente feita por um europeu e só ultrapassada no seu próprio campo quando Satow e Chamberlain retomaram este assunto no último quartel do século XIX[44].

A obra de Rodrigues, embora mais pequena em tamanho, pode ser comparada às de Sahagún e Motolinia sobre o México asteca. Infelizmente, ainda teve menos influência. A sua densa *História* ficou incompleta e por publicar. A sua *Arte* ou *Gramática* de 1604-1608 apenas foi lida por alguns missionários, não despertando qualquer interesse digno de nota a não ser já nos nossos dias. Apenas são conhecidas dois exemplares desta fascinante obra; e pelo que toca aos seus compatriotas do Extremo Oriente, mais valia não ter sido escrita. No mesmo ano da sua morte em Macau, o governador, que o devia ter conhecido muito bem, referia-se às autoridades japonesas em Nagasáqui como «estes negros» na sua correspondência oficial com Goa[45].

---

[43] Uma seleção destas cartas encontra-se *inter alia* in Boxer, *The Christian Century in Japan, passim*, e Michael Cooper, S. J., *They came to Japan: An Anthology of European Reports on Japan, 1543-1640* (Londres, 1965), *passim*.

[44] Michael Cooper, S. J., *This Island of Japan. João Rodrigues' Account of 16th--century Japan* (Tóquio e Nova Iorque, 1973): *idem, Rodrigues the Interpreter: An Early Jesuit in Japan and China* (Nova Iorque e Tóquio. 1974).

[45] «... estes negros são diabólicos em seu governo» (Manuel da Câmara de Noronha ao vice-rei conde de Linhares, Macau, 12 de setembro de 1633, *apud* C. R. Boxer. *The Great Ship from Amacon: Annals of Macao and the Old Japan Trade, 1555-1640* (Lisboa,

INTERAÇÕES CULTURAIS

No Japão, como em outros lados, os missionários jesuítas encorajavam os seus convertidos a fazerem representações teatrais (autos) de natureza religiosa, principalmente nos dias das grandes festas, como o Natal, Páscoa e Dia de Reis. Os convertidos japoneses entusiasmavam-se com estes autos, a acreditarmos nas descrições jesuítas. Eram encenados espetáculos bastante elaborados, acompanhados de música europeia e japonesa. Numa descrição de um espectador da procissão da Páscoa em 1562, lê-se a certa altura: «Na procissão da Ressurreição eram representados vários episódios das Sagradas Escrituras, tais como a fuga dos filhos de Israel para o Egito, para a qual foi feito um mar Vermelho, que abriu para deixar passar os Israelitas e se fechou novamente quando o faraó passava com o seu exército. Também era figurada a história do profeta Jonas a sair da baleia, e outras histórias. Quando a procissão acabava, as pessoas eram exortadas a comparar a tristeza da Paixão com a alegria da Ressurreição.» [46]

A noite da véspera de Natal era celebrada com especial fervor, e o seguinte extrato da mesma carta pode ser considerado típico. «Antes de mostrarem o nascimento de Cristo, representavam o dilúvio no mundo no tempo de Noé, e a sua entrada na Arca. Isto era seguido pelo cativeiro de Lot e a vitória de Abraão. Todas estas cenas eram tão bem montadas e apresentadas que mais pareciam reais do que representadas... Por fim, a chegada dos pastores ao presépio.» Nestas ocasiões, as igrejas estavam cheias, os homens de um lado e as mulheres do outro, como em Portugal. No intervalo das cenas, ou até durante elas, a congregação cantava «versos que contavam a vida toda de Nosso Senhor, enaltecendo a Sua Glória, o Seu santo nome, a sagrada cruz e a religião cristã. Outros versos denunciavam a cegueira dos pagãos e a traição do diabo. E desta maneira passavam quase toda a noite, cantando tudo na sua própria língua, pelo que o padre ficava muito confortado». Algumas destas

---

1959), pp. 129-130. O uso pejorativo da palavra «negro» era vulgar. D. João IV, ao escrever ao vice-rei em Goa a 12 de março de 1646, referia-se ao rajá de Coulão, no Sul da Índia, como um «negro», quando este (admitamos que pouco importante) potentado insinuava que gostaria de ser oficialmente reconhecido como irmão de armas do rei de Portugal («... como parece, advertindo ao Vicerey, entretenha este negro com boas palavras»). *Apud* Panduronaga S. S. Pissurlencar, (org.) *Assentos do Conselho do Estado da Índia*, vol. 3. *1644-1658* (Bastorá-Goa, 1955), p 479.

[46] *Cartas que os Padres e irmãos da Companhia do Jesus que andão nos Reynos de Japão escreverão*, 2 vols., in 1 (Évora, 1598). pt. 1, fl. 101. Carta de Aires Sanches, S. J., de Bungo, 11 de outubro de 1562.

A IGREJA E A EXPANSÃO IBÉRICA (1440-1770)

peças religiosas tinham também um coro, que comentava a ação de uma forma moralizadora, como o papel desempenhado pelo coro numa tragédia grega[47].

A proibição do cristianismo e da representação de qualquer dos seus símbolos, severamente imposta pela ditadura militar de Tokugasva, durante mais de três séculos após o ano de 1613, implicou o fim prematuro da introdução e da adaptação dos técnicas e temas europeus na pintura, gravura e música. Tudo isto, no final do século XVI, já atingira um alto nível. Um relatório jesuíta de 16 de setembro de 1594, a descrever o trabalho do seminário de Arima, em Kyushu, dizia: «Este ano o seminário teve cerca de cem pupilos, divididos em três classes de latim, escrito e oral, de escrita, japonesa e latina, e de canto e instrumentos musicais. Os da primeira classe já compõem e recitam, lendo algumas lições de forma magistral, e representam peças dialogadas em latim. Este ano serão graduados vinte estudantes... Os pintores e os gravadores em cobre tornam-se cada dia mais habilidosos e os seus trabalhos são pouco inferiores aos trazidos de Roma.»[48]

Temos de admitir que Valignano, ao escrever cerca de sete anos mais tarde, não se mostrava tão entusiasmado com a capacidade japonesa de assimilação da cultura europeia em todos os seus aspetos. Acentuava a dificuldade que os estudantes sentiam na aprendizagem do latim e da grande aversão que evidenciavam pelo estudo desta língua. Quando os deixavam, escolhiam de preferência os clássicos japoneses em vez do latim e tinham quase de ser obrigados a aprender este último. As queixas de Valignano tiveram eco no padre João Rodrigues Tçuzzu e outros professores jesuítas; mas a dificuldade principal pode muito bem ter sido a absurda e complicada gramática de latim de fr. Manuel Álvares, que era o compêndio-modelo jesuíta. Fosse como fosse, a real ou alegada falta de fluência em latim era um dos obstáculos à promoção dos *dojuku*, ou catequistas, ao sacerdócio, tal como mais tarde na China. Claro que havia exceções e entre os jesuítas japoneses do século XVII alguns havia que falavam fluentemente o latim [49].

---

[47] *Ibid.* Ver também Mário Martins, S. J., *Os Autos do Natal nas Missões Portuguesas do Japão*, reedição de doze páginas da revista *Portugal em África*, n.º 37 (Lisboa, 1950).

[48] Francisco Pasio, S. J., carta de 16 de setembro de 1594, *apud* Boxer, *The Christian Century in Japan*, p. 205.

[49] Boxer, *The Christian Century in Japan*, pp. 80-90, 194-195, 219-227.

INTERAÇÕES CULTURAIS

Filipinas

Durante os anos em que a Igreja Católica foi ferozmente perseguida e quase extinta no Japão, exceto pela persistência de bolsas «clandestinas» de cristianismo em algumas zonas rurais remotas, a Igreja triunfante consolidava e expandia o seu domínio sobre a maior parte das ilhas Filipinas. A guarnição espanhola nessas regiões remotas poucas vezes somava mais do que umas escassas centenas de homens. A lealdade de uns 600 000 filipinos, convertidos ao cristianismo nos meados do século XVII, era assegurada por cerca de 250 clérigos regulares (agostinhos, dominicanos, franciscanos e jesuítas) que eram os padres das paróquias e administradores das cidades e aldeias das missões (*doctrinas*). O seu papel neste aspeto é estudado mais adiante; consideraremos aqui apenas algumas das suas reações aos habitantes indígenas e sua capacidade cultural.

Estas reações variavam naturalmente de acordo com caráter individual do missionário, muitos deles favoravelmente impressionados pelos Filipinos, embora quase sempre de forma paternalista e condescendente. O muito viajado dominicano espanhol fr. Domingo Fernández Navarrete, que passou nove anos (1648-1657) nas ilhas, depois de explicar que ele e os seus colegas se tinham esforçado por aprender as línguas regionais, acrescentava: «Sempre gostei dos índios; não são soturnos e severos como os do México, mas corteses e afáveis; são inteligentes e muito destros em tudo. Entre eles encontram--se excelentes calígrafos, pintores talhadores. São muito submissos para com os padres e inclinados a aprender. Quanto à compreensão no que se refere à nossa Santa Fé, podem competir com muitos dos nossos compatriotas e superar alguns deles... Têm livros excelentes na sua própria língua, impressos pelos religiosos, adoram lê-los; por isso, esta religiosidade é fruto do nosso trabalho e da sua aptidão para aprender. Não existe qualquer dia santo, grande ou pequeno, mas muitos vão à confissão e recebem o Sagrado Sacramento. Costumava dizer que o fervor das antigas gentes de Castela se mudara para os homens e mulheres índios de Manila. Os índios celebram bem os dias festivos e quase todos dançam muito bem; e assim dançam nas procissões e tocam bem harpa e guitarra.» Como nas missões espanholas do México e Peru, todos os coristas e acólitos que ajudavam à celebração da missa estavam isentos de imposto e tinham outros privilégios; e amor indígena pela dança, pelo drama, pela pompa e pela música era totalmente explorado ([50]).

([50]) *Apud* Cummins (org.), *The Travels and Controversies of Friar Domingo Navarrete*, p. 59.

A IGREJA E A EXPANSÃO IBÉRICA (1440-1770)

De acordo com a sua narrativa, Navarrete tornou-se muito proficiente em tagalo, mas não chegou a ir tão longe na apreciação dessa língua como um anterior missionário jesuíta, Pedro Chirino, que escreveu: «Encontrei nesta língua quatro qualidades das quatro maiores línguas do mundo, hebreu, grego, latim e espanhol: é abstrusa e obscura como hebreu; tem os artigos e distinções dos substantivos comuns dos substantivos próprios do grego: a riqueza e a elegância do latim; e o requinte, brilho e cortesia do espanhol» – altos louvores, de facto, de um produto do alto barroco e da Reforma católica! O padre Chirino acentuava o entusiasmo dos catecúmenos, velhos e novos, em aprender e cantar o catecismo (*doctrina*) dia e noite. Aqueles que sabiam ler e escrever «não só escrevem as lições, como bons estudantes, nos seus próprios carateres, utilizando tiras de junco como livro de apontamentos e uma ponta de ferro como pena; como também trazem sempre estes materiais consigo e sempre que param de trabalhar, quer seja em casa quer no campo, como forma de descanso, pegam no livro e estudam durante algum tempo» ([51])

A despeito da sua apreciação do caráter nacional filipino da capacidade cultural, nem Chirino nem Navarrete sugeriram que os Filipinos estavam aptos a ser educados e ordenados como sacerdotes regulares. Não só isso, como a maioria dos frades missionários e jesuítas nas Filipinas se opunha vigorosamente às sugestões periódicas que eram feitas para a formação de um clero secular indígena qualificado. Muitos europeus e crioulos argumentavam que os Filipinos eram fundamentalmente incapazes de qualquer cargo sacerdotal, mesmo como humildes padres seculares, por serem congenitamente indolentes, vaidosos, estúpidos e, acima de tudo, não castos. Outros, não indo tão longe, argumentavam que os Filipinos deveriam ser sempre tratados como adolescentes, mesmo quando já tivessem cinquenta ou sessenta anos.

Pontos de vista muito diferentes sobre a capacidade cultural e de raça dos Filipinos refletiam-se numa célebre controvérsia entre o frade agostinho Gaspar de San Agustin e o jesuíta Juan Delgado, ambos luminárias nas respetivas ordens. Gaspar de San Agustin, O. E. S. A., que era a quinta-essência do eurocêntrico apesar da (ou por causa da) sua longa estada nas Filipinas, não tinha uma boa palavra a dizer sobre os Filipinos, que ele considerava serem mais aptos para forçados e escravos do que para sacerdotes seculares. Os seus argumentos, baseados essencialmente na inferioridade de todas as raças em

---

([51]) Pedro Chirino, S. J., *Relación de las Islas Filipinas. The Philippines in 1600* (edição bilingue de Ramón Echevarria, Historical Conservation Society, Manila, 1969), pp. 41-42, 275, 149-150, 396.

INTERAÇÕES CULTURAIS

relação à Europa Ocidental, foram devastadoramente, se bem que delicadamente, demolidos por Juan Delgado, S. J.; mas a maioria dos espanhóis nas ilhas, quer fossem laicos ou religiosos, tinha tendência para concordar com o seu opositor agostinho. O resultado foi que os esforços esporádicos da coroa e de vários arcebispos para desenvolverem um clero indígena secular bem educado, eram sempre estropiados e dificultados pela oposição aberta ou velada por parte das autoridades eclesiásticas e da Coroa que mais deveriam ter contribuído para tornar isso possível [52].

Vietname

Voltando ao Vietname, já vimos que a principal razão do surpreendente sucesso da evangelização cristã era resultado do treino rigoroso e elevados padrões dos catequistas que viviam em comunidades fortemente disciplinadas. Também os convertidos vietnamitas receberam com entusiasmo as peças religiosas e espetáculos organizados pelos missionários e os cânticos compostos na sua própria língua. Este processo era ajudado pela romanização do vietnamiano escrito, denominado *quôc-ngu*, que os missionários desenvolviam e ensinavam aos neófitos. Um jesuíta português, que fazia um relatório da missão em Tonquim, em 1647, afirmava que os convertidos tinham abandonado completamente as suas antigas crenças e que não havia qualquer vestígio de sincretismo no seu culto. Acrescentava que eram extraordinariamente respeitosos e submissos para com os seus pais espirituais e muito orgulhosos da nova religião, que professavam abertamente e sem vergonha. Eram carinhosos e caritativos uns com os outros, como se fossem todos irmãos. «Em resumo, é uma nação que parece singularmente adequada para a Lei de Cristo (...) e temos grandes esperanças em obter uma magnífica colheita.» E assim se provou, com decorrer do tempo. Acontecimentos recentes demonstraram que as

---

[52] Acerca da controvérsia, Gaspar de San Agustin, O. S. E. A. – Juan Delgado, S. J., sobre o caráter nacional e potencialidades dos Filipinos, ver Juan J. Delgado, S. J., *Historia General Sacro-Profana, Politica y Natural de las Islas del Poniente, llamadas Filipinas* (Manila, 1892), pp. 273-322. Ver também Horacio de la Costa, S. J., «The Development of the Native Clergy in the Philippines», in *Studies in Philippine Church History*, Gerald H. Anderson, (org.) (Ithaca, Nova Iorque, 1969), pp. 65-104; John Leddy Phelan, *The Hispanization of the Philippines: Spanish Aims and Filipino Responses, 1565-1700* (Madison, Wis., 1959), pp. 84-89.

fundações do cristianismo no Vietname foram bem assentes, há mais de três séculos[53].

Já vimos que as atitudes dos missionários face aos muitos variados povos com quem sucessivamente iam tendo contacto, iam desde a aproximação intransigente da *tabula rasa*, que era norma na América ibérica do século XVI, aos métodos mais sofisticados e acomodatícios desenvolvidos por alguns dos missionários jesuítas na China e no Sul da Índia. Em virtude da vocação e da profissão, era inevitável que os missionários fossem mais propensos a dar do que a receber nas interações culturais que sumariamente consideramos. A maioria dos missionários estava claramente interessada não só em manter--se «imaculada do mundo», como em não ser indevidamente influenciada pelas crenças religiosas daqueles que tentava converter.

Além disso, o respeito pela pureza da sua própria fé naturalmente que os impedia de comunicar aos atuais ou virtuais convertidos factos inconvenientes ou ideias perigosas, que os levariam a questionar a validade do ensino missionário. Assim, os trabalhos geográficos publicados pelos jesuítas na fase final da China Ming, que foram reeditados e circularam até mesmo ao século XIX, evitavam qualquer menção à Reforma e às guerras religiosas da Europa contemporânea. Estas obras, cuidadosamente «deformadas», davam a impressão de que a Europa era uma região altamente culta e pacífica, sobre a qual um benigno pontífice romano exercia incontestada autoridade espiritual. Dos missionários europeus, eles próprios submetidos a uma rigorosa censura da palavra escrita em Espanha e Portugal, não se poderia esperar que disseminassem factos e ideias no campo missionário que eram considerados anátemas no seu país. Apesar disso, e a despeito desta desvantagem, os missionários da Igreja muitas vezes desempenharam um papel útil, fazendo com que os diferentes povos do mundo tivessem consciência dos valores culturais uns dos outros, exemplificados pela amostra da literatura atrás descrita.

---

[53] Sobre o relatório de João Cabral, 12 de outubro de 1647, ver Henri Bernard--Maitre, S. J., in *L'Histoire Universelle des Missions Catholiques*, (org.) Simon Delacroix, 4 vols. (Paris, 1956-1959). vol. 2, *Les Missions Modernes* (1957), pp. 67-68. Sobre o *quôc-ngu*, ver Maurice Durant, «Les Transcriptions de la langue vietnamienne, l'oeuvre des missionaires européens», in *Symposium on Historical, Archeological, and Linguistic Studies on Southern China, S. E. Ásia, and Hong Kong Region*, (org.) F. Drake e Wolfram Eberhardt (Hong-Kong, 1967), pp. 288 ff.

Capítulo III

Problemas de Organização

Embora a Igreja esteja, ou devesse estar, essencialmente motivada pelos assuntos espirituais, mesmo para os crentes devotos ela é também uma instituição tanto humana como divina. Inevitavelmente, tem-se deparado com vários problemas de organização, alguns deles intimamente interligados, quer no campo missionário, quer fora dele. A ação recíproca dos assuntos temporais e espirituais tem muitos aspetos que não podem ser analisados no espaço disponível. Este capítulo limita-se, portanto, a uma breve discussão de quatro temas vitais: a) relações entre o clero regular e o secular; b) a missão como instituição de fronteira; c) os dois patronatos reais ibéricos da Igreja do ultramar; d) a Inquisição e as missões ibéricas.

O clero regular e o secular

Uma das características que marcaram o desenvolvimento das igrejas católicas de além-mar foi a tensão muitas vezes existente entre o clero regular e o clero secular. A constituição hierárquica da Igreja necessita que a sua atividade organizada esteja normalmente sob controlo e direção dos bispos,

A IGREJA E A EXPANSÃO IBÉRICA (1440-1770)

como sucessores consagrados dos apóstolos, e a autoridade suprema conferida ao papa como sucessor direto de S. Pedro. Uma vez estabelecida a administração diocesana e paroquial, as paróquias devem ser administradas pelo clero secular sob o controlo direto, jurisdição, inspeção e correção dos bispos. Todavia, por razões óbvias, o trabalho missionário pioneiro, quer em reinos e estados «pagãos» como em regiões recentemente conquistadas pelas coroas portuguesa e castelhana, não podia ser feito pelos padres paroquianos seculares. Por isso, em 1522, o papado concedeu aos superiores das ordens religiosas uma autoridade alargada (*omnimoda*) para exercer o trabalho pioneiro da conversão e da administração paroquial. Para isso, a Santa Sé concedeu-lhes privilégios extensos, incluindo uma vasta gama de isenções da direção e controlo episcopal, salvo para aqueles atos que requeriam a consagração episcopal[1].

O exercício destes privilégios depressa entrou em conflito com a implementação dos decretos do Concílio de Trento (1563-1564), porque um dos objetivos principais do Concílio era reforçar a autoridade do prelado diocesano sobre todas as fases da vida religiosa e da disciplina eclesiástica dentro do seu território. O conflito subsequente entre os extensos privilégios das ordens religiosas e as pretensões de jurisdição dos bispos nunca foi totalmente resolvido durante o período colonial. Nem o papado nem as duas coroas ibéricas eram coerentes nas suas respetivas atitudes, tendendo a apoiar ora um lado, ora outro. Por fim, o exagerado regalismo da segunda metade do século XVIII fez inclinar a balança a favor do clero secular e dos bispos, uma vez que estavam sob um maior controlo da coroa.

A solução mais evidente era o desenvolvimento do clero secular em número e qualificação suficientes para poder substituir o clero regular nas paróquias, logo que estivesse firmemente estabelecido – digamos, após duas ou três gerações. Na prática, todavia, muitas vezes levava mais tempo, principalmente nas regiões mais remotas e inóspitas. Poucos membros do clero secular ibérico se interessavam por emigrar para regiões distantes e notoriamente insalubres, como os rios da Guiné, a ilha de S. Tomé e Angola na África Ocidental ou para o Chaco do Paraguai, na América do Sul. Durante muito tempo, a população ibérica em muitas das colónias ultramarinas era demasiado reduzida para fornecer suficientes candidatos ao sacerdócio. Quando se

---

[1] O melhor resumo deste assunto, que eu segui de muito perto, é o de fr. Horácio de la Costa, S. J., «Episcopal Jurisdiction in the Philippines during the Spanish Regime» in *Studies in Philippine Church History*, (org.) Gerald H. Anderson (Ithaca, Nova Iorque, 1969), pp. 44-64.

PROBLEMAS DE ORGANIZAÇÃO

acabou por desenvolver um clero crioulo nas regiões mais povoadas, os seus membros preferiam normalmente ministrar aos amigos e parentes nas cidades e vilas do que fazer de missionários na selva, no sertão ou na savana.

Por razões já apontadas e por outras a discutir, as coroas ibéricas não encorajaram ativamente a formação de um clero indígena em muitas regiões. Quando o faziam em outras, a tendência era para relegar este clero para uma categoria inferior, reforçando assim o complexo de superioridade entranhado no clero regular. Isto, por sua vez, consolidou a relutância das ordens regiliosas em entregarem as paróquias aos seus colegas seculares, fossem estes últimos peninsulares, crioulos ou padres indígenas[2]. O complexo de superioridade das ordens religiosas data da Idade Média. Estas ordens tiveram os seus altos e baixos, é evidente, e os seus padrões não eram invariavelmente elevados ou mantidos. Mas o papado, anterior às reformas instigadas pelo Concílio de Trento, tinha tendência para reconhecer, explícita ou implicitamente, a superioridade moral da vida ascética e monástica do clero regular sobre o vulgar clero secular, convertendo assim este último numa categoria inferior ou de segunda[3].

Por último, mas não menos importante, o gosto pelo poder, tão humano, tornava os regulares relutantes em ceder a sua posição e privilégios. Em 1644, um provincial jesuíta no Paraguai escrevia para a sua sede principal em Roma: «Todos os anos são eleitos magistrados a quem são dados títulos esplêndidos, nomeadamente para dirigir e administrar as reduções: mas são incapazes de inovar ou castigar, ou de ordenar o que quer que seja, sem a explícita autorização dos padres. Pode até dizer-se que se sentem exaltados por terem recebido este poder inútil e a autoridade das varas (bordão ou bastão de autoridade). Desta maneira nos fez Deus príncipes desta terra.»[4] Ou, como Luís de Camões clamava nos seus *Lusíadas* (Canto IV): «Ó glória de mandar, ó vã cobiça!»

---

[2] Robert Ricard, *La conquête spirituelle du Mexique. Essai sur l'apostolat et les méthodes missionnaires des ordres mendiants en Nouvelle-Espagne de 1523-1524 à 1572* (Paris, 1933), pp. 183-184.

[3] C. N. L. Brooke, «The Missionary at Home: The Church in the Towns, 1000--1250» in *The Mission of the Church and the Propagation of the Faith*, (org.) G. H. Cuming (Cambridge, 1970), pp. 59-83, e especialmente pp. 81-82, acerca do *background* da Europa medieval.

[4] *Apud* Magnus Mörner in *Hispanic American Historical Review* (maio de 1969), p. 337.

A IGREJA E A EXPANSÃO IBÉRICA (1440-1770)

Os jesuítas poderão ser absolvidos do pecado da cupidez, de que tantas vezes e tão injustamente foram acusados; mas toda a sua história evidencia que muitos deles gostavam bastante de exercer o poder e só com grande relutância a ele renunciavam. Os preconceitos raciais eram também responsáveis pelo desprezo do clero secular em relação ao regular no mundo não europeu, como já foi explicado no capítulo I. À parte as relações amiúde difíceis entre o clero regular e o secular, as ordens religiosas estavam muitas vezes em desacordo entre si. A rivalidade entre franciscanos e jesuítas, por exemplo, atingiu graves dimensões em várias alturas e lugares, particularmente no Japão e no Paraguai, durante o século XVII. De modo idêntico, as relações entre dominicanos e jesuítas estavam longe de ser cordiais, tanto na Península Ibérica como além-mar. Por vezes, com vista a minimizar esta mútua rivalidade, o papado e a coroa intervinham para definir mais rigorosamente as respetivas esferas de atividade missionária. Em 1594, por exemplo, Filipe II dividiu as ilhas Filipinas em distritos missionários, dando a cada uma das ordens que então ali trabalhavam (agostinhos, franciscanos, jesuítas e dominicanos) um campo distinto de atividade apostólica[5]. Isto foi, sem dúvida, uma medida sensata; mas não impediu frades e jesuítas de trocarem observações mordazes dos seus púlpitos respetivos, em Manila. Deve ser dado um certo desconto ao clima tropical que afetava os europeus, de temperamento geralmente impulsivo: mas um pregador dominicano denunciava os jesuítas como os «gatos da Igreja que lamberam a nata toda». Outro acusava os filhos de Loyola de terem feito mais dano ao corpo místico de Cristo do que os ultra-heresiarcas, Lutero e Calvino[6].

Do outro lado do mundo, António Vieira, o pregador jesuíta da corte (em Lisboa) e fervoroso missionário (no Brasil) comentava, sarcástico, numa das suas cartas, que os dominicanos viviam para a Igreja, mas os jesuítas morriam por ela[7]. A sua volumosa correspondência do Maranhão está cheia de

---

[5] John Leddy Phelan, *The Hispanization of the Philippines: Spanish Aims and Filipino Responses, 1565-1700* (Madison, Wisc., 1959), pp. 49-50, para mais pormenores.

[6] E. H. Blair e J. A. Robertson (orgs.), *The Philippine Islands*, 55 vols, (Cleveland, 1903-1909), vol. 25, 1635-1636, pp. 246-260.

[7] A observação foi feita a propósito da Inquisição em Évora, mas a Inquisição foi, a princípio, de origem dominicana, como Vieira insinuou noutro lugar. António Sérgio e Hernâni Cidade (orgs.), *Padre António Vieira. Obras Escolhidas*, vol. 1, *Cartas* (1) Lisboa, 1951, p. LVII; António Vieira, S. J., ao rei D. João IV, 8 de dezembro de 1655, in J. Lucio d'Azevedo (org.), *Cartas do Padre António Vieira*, 3 vols. (Coimbra, 1925-1928), vol. 1, p. 455.

PROBLEMAS DE ORGANIZAÇÃO

queixas do que ele classifica como «uma guerra cruel e contínua dos jesuítas com os frades, que nesta terra são mais descontraídos, arbitrários e cegos por seus interesses do que em muitas outras»[8]. Era frequente esta rivalidade estender-se aos convertidos e neófitos das várias ordens, uma vez mais com consequências desastrosas e embaraçosas no campo missionário do Extremo Oriente[9].

Não seria justo partilhar elogios e responsabilidades em todas estas prolongadas, e, por vezes, triviais disputas. Mas depois de ter lido uma grande quantidade de documentos, já publicados ou inéditos, no decurso de quase 50 anos, suspeito que, no conjunto, o padrão dos jesuítas era mais elevado e que, frequentemente, demonstravam maior espírito de sacrifício do que os seus colegas das outras ordens – embora nem sempre nem em toda a parte. As autoridades seculares, que eram inevitavelmente chamadas nestas disputas, muitas vezes admitiam a superioridade moral e intelectual dos jesuítas, mesmo quando os criticavam duramente sob outros aspetos. Por exemplo, D. Miguel de Noronha, quarto conde de Linhares e um vice-rei excecional da Ásia portuguesa (1629-1635), informou a coroa de que enquanto os frades em Goa eram muitas vezes imoderados nas suas declarações do púlpito, os jesuítas eram bastante mais sensatos e mais bem comportados. Este testemunho é tanto mais convincente quanto Linhares criticava veementemente, em alguns aspetos, o que ele considerava o excessivo poder e influência exercidos pelos jesuítas em Goa[10].

Na última década do século XVII, o rei D. Pedro II de Portugal informou o vice-rei da Índia de que, tendo em vista induzir mais missionários a trabalharem no ultramar, aqueles que dessem provas de ter já trabalhado oito anos consecutivos no campo missionário poderiam voltar para Portugal se o desejassem. O vice-rei, ao acusar a receção desta ordem, declarou já ter informado

---

[8] António Vieira. S. J.. ao Geral da Companhia, G. Nickel, Rio das Almazonas (*sic*), 21 de março de 1661, in Serafim Leite. S. J., *Novas Cartas Jesuíticas* (S. Paulo. 1940), p. 297.

[9] C. R. Boxer. *The Christian Century in Japan, 1549-1650* (1951: reeditado Berkeley e Los Angeles, 1974), pp. 137-187; Henri Chappoulie, *Aux origines d'une Eglise. Rome et les missions d'Indochine aux XVIIe siècle*, 2 vols. (Paris, 1943-1948), *passim*; J. S. Cummins (org.), *The Travels and Controversies of Friar Domingo Navarrete, 1618-1686.* 2 vols., Hakluyt Society (Cambridge, 1962), índice, v. «Jesuits».

[10] *Diario do 3º (sic para 4º) Conde de Linhares, Vice-Rei da Índia*, 1 (todos publicados), Lisboa, 1937, pp. 36, 74, 135, 186, 203-205, 260.

todos os superiores das ordens religiosas em Goa do seu conteúdo, à exceção do provincial jesuíta. E acrescentava: «Quando estes religiosos vêm para as missões, consideram o lugar onde exercem a sua vocação como o seu verdadeiro país. Estou convencido de que ficariam escandalizados se lhes fosse sugerido que tinham qualquer espécie de desejo de regressar novamente à Europa.» [11]

Voltando à América espanhola, onde os jesuítas chegaram mais tarde (1566) do que à Ásia (1542) ou ao Brasil (1549), nunca conseguiram ter, nos vice-reinos do México e do Peru, o papel preponderante que tiveram na Ásia portuguesa, Brasil e Maranhão. Na América espanhola tinham de competir com os frades das ordens mendicantes já ali fortemente enraizados. Todavia, a sua relativa superioridade em relação aos frades era muitas vezes reconhecida por observadores qualificados, a começar pelos vice-reis e bispos. Quase no fim da escala da sociedade colonial, podemos citar como exemplo o índio peruano Felipe Guaman Poma de Ayala (*c.* 1526-c. 1615). Não era um mestiço, como muitas vezes se afirma, mas um puro índio yarovilca, embora tivesse um meio-irmão, Martín de Ayala, que era mestiço e foi ordenado padre, coisa muito rara no Peru do século XVI. Felipe Guaman, na sua desconexa e, por vezes, incoerente *La Nueva Cronica*, tem uma interessante discussão analítica sobre as virtudes e vícios do clero regular e secular no Peru, resultado da experiência de uma longa vida. Não perde muito tempo com o clero secular; mas concede altos elogios aos jesuítas e (num grau menor) aos franciscanos, pelo seu espírito de sacrifício, tanto no plano espiritual como na prática caritativa. Por outro lado, critica amargamente os dominicanos, os agostinhos e os mercedários, denunciando a exploração brutal, cúpida e imoral que exerciam sobre os paroquianos indígenas. Os jesuítas, declara ele, não só tinham espírito de sacrifício e eram caritativos, como eram instruídos e bons pregadores, «principalmente os espanhóis, sendo a sua fama celebrada em todo o mundo e neste reino dos índios. Por isso, quando algum destes santos padres da Companhia de Jesus aparece em qualquer cidade ou aldeia índia, todos os índios de ambos os sexos se regozijam, assim como seus filhos e

---

[11] Coroa ao vice-rei conde de Villa Verde, Lisboa, 23 de janeiro de 1697, e resposta do vice-rei de 23 de janeiro de 1698 (coleção do autor). Ver a análise do relatório de 26 de agosto de 1715 do bispo de Durango, acerca dos excelentes resultados obtidos pelos jesuítas na sua diocese no Noroeste da Nova Espanha, contrastando com os fracos resultados obtidos pelas missões franciscanas, in Charles W. Polzer, *Rules and Precepts of the Jesuit Missions in Northwestern New Spain*, Tucson, Ariz., pp. 54-57.

PROBLEMAS DE ORGANIZAÇÃO

crianças: pois que olham os membros desta ordem como representantes do Deus do Céu» ([12]).

A relativa superioridade dos jesuítas, onde ela existia, é fácil de explicar. Eram mais rigorosos com os noviços, que tinham um período de ensino mais longo e estavam dispostos a recusar os que não atingissem o nível desejado. O seu sistema educativo era justamente admirado por amigos e inimigos, pelo menos até ao princípio do século XVIII. Por isso, conseguiam atrair para as suas escolas e colégios os melhores e os mais brilhantes pupilos, principalmente no império português, onde a sua influência, poder e prestígio era ainda maior do que em Espanha e seus domínios, até à sua destruição pelo marquês de Pombal. Por outro lado, o seu espírito de classe fechado, e a convicção de base da maioria de que a Companhia de Jesus era fundamentalmente superior às ordens mendicantes, nem sempre era simulada com tato. Talvez não seja nem injusto nem pouco lisonjeiro dizer que os jesuítas tinham tendência a considerar-se, em relação às outras ordens, como o sargento instrutor da Marinha dos Estados Unidos face ao Exército dos Estados Unidos. Modificando um pouco a comparação militar, a Companhia de Jesus poder-se-ia chamar a brigada dos guardas da Igreja militante. Não é de admirar que este complexo de superioridade, mesmo quando justificado, como muitas vezes o era, em nada contribuía para os fazer estimados como um todo pelos frades ou clero secular. Por vezes, levava a uma arrogância complacente, deplorada pelos seus membros mais sérios e mesmo ocasionalmente pelo geral da Companhia ([13]). Também nos ajuda a compreender as razões pelas quais a dissolução da Companhia, em 1759-1772, originou tão poucos protestos e tão pouca indignação em toda a Igreja Católica em geral.

A missão como instituição de fronteira

A estreita ligação entre as missões do clero regular e os problemas de fronteira da América espanhola foi o assunto de um artigo de Herbert E. Bolton há cerca de 60 anos. Os leitores deste texto estarão lembrados de que ele

---

([12]) Luis Bustios Gálvez *et al.* (orgs.), *La Nueva Cronica y buen govierno escrita por Don Felipe Guaman Poma de Ayala*, 3 vols. (Lima, 1956-1966), vol. 2., pp. 203-225, sobre o clero do Peru colonial do seu tempo.

([13]) Mutio Vitelleschi, S. J., *Carta a los Padres y hermanos de la Compañia de Jesus* (Roma, 2 de janeiro de 1617).

A IGREJA E A EXPANSÃO IBÉRICA (1440-1770)

se concentra principalmente nas missões do Norte do México e Califórnia[14]. Estas, juntamente com as reduções jesuítas do Paraguai, são as mais estudadas e, por isso, as mais conhecidas. Mas a missão como instituição de fronteira era uma característica da colonização ibérica em muitas regiões e culturas, das quais iremos considerar, brevemente, alguns aspetos.

No que diz respeito ao império espanhol, a era dourada das missões de fronteira pode dizer-se que começou com as *Ordenanzas sobre Descubrimientos*, promulgadas por Filipe II em 1573[15]. *El Rey Prudente* teve consciência de que os domínios da coroa de Castela se tinham tornado demasiado extensos, como a revolta dos Países Baixos e a luta inconsequente com os Turcos o veio demonstrar. A prata da América era necessária para financiar as campanhas espanholas no Mediterrâneo, Itália e Flandres. Não podia ser desperdiçada em buscas vãs do *El Dorado* ou a subjugar tribos selvagens em áreas improdutivas. Além disso, Bartolomé de Las Casas morrera há pouco e a sua influência era ainda percetível, assim como a do seu colega dominicano, fr. Francisco de Victoria, atualmente considerado o fundador do direito internacional.

As *Ordenanzas* de 1573 proibiam «entradas» armadas ou expedições, como as chefiadas por Cortéz, Pizarro, Valdivia, Alvarado e outros conquistadores clássicos. A responsabilidade da pacificação das regiões fronteiriças foi dada, a princípio, aos missionários das ordens religiosas, acompanhados, sempre que necessário, de pequenas escoltas ou guarnições militares. O seu papel seria puramente defensivo e limitado à proteção dos missionários e dos ameríndios «subjugados». Quando uma região estava totalmente pacificada e os seus habitantes convertidos e de novo instalados em aldeias e comunidades agrícolas, então os missionários entregavam as suas responsabilidades ao clero secular e avançavam para outro local de ação no interior. A utilização da palavra «conquista» foi proibida e substituída por «descoberta» ou «pacificação». Normalmente considerava-se um período de dez anos para a transição do nomadismo selvagem numa sociedade cristã estável, mas, muitas vezes, o processo era mais longo. De qualquer forma, como já dissemos, o clero regu-

---

[14] *Hispanic American Historical Review* 22 (1917), 42-61. Dos muitos trabalhos sobre este fascinante assunto, o último a chegar-me às mãos foi a obra já citada de Polzer, *Rules and Precepts of the Jesuit Missions of Northwestern New Spain*.

[15] Texto in *Colección de documentos inéditos relativos al descubrimiento, conquista y colonización de las possessiones españolas en América y Oceania*, 42 vols. (Madrid, 1864-1884), vol. 8 (1867), pp. 484-537, onde a data é erroneamente dada como 1563, e vol. 16 (1871), pp. 141-187.

PROBLEMAS DE ORGANIZAÇÃO

lar tinha amiúde grande relutância em entregar os seus convertidos aos colegas seculares, mesmo quando eles próprios continuavam a avançar a linha de fronteira.

O apoio mútuo da cruz e da coroa na pacificação e extensão das fronteiras na América espanhola e Filipinas era facilitado pela estrutura do Patronato ou *Patronazgo Real*. Esta instituição tornava os missionários servos da Igreja e do rei, ou, como gostavam de dizer, «ao serviço das duas majestades» (*servicio de Entrambas las Majestades*), como explicaremos adiante. Mas embora os missionários e os soldados normalmente trabalhassem em contacto estreito, os primeiros defendiam, como Las Casas o fizera ocasionalmente, que estes últimos não eram necessários. Argumentavam que era mais fácil ganhar a confiança dos nativos hostis ou não subjugados com missionários desarmados, trabalhando sozinhos ou aos pares. Todavia, era um ponto de vista minoritário, fortemente rebatido pela maioria dos missionários, como demonstraremos com alguns exemplos típicos. Escrevia o padre Francisco de Figueroa: «É um erro e uma imprudência afirmar, por falta de experiência, que (a não ser por milagre de Deus) alguma coisa de notável se conseguirá pregando e ensinando estas gentes sem uma escolta armada de espanhóis (*sin escolta y braço de españoles*), pois que a brutalidade inata e os costumes totalmente bárbaros destes índios exigem, de justiça, que sejam primeiro dominados, disciplinados e subjugados.» [16]

A mesma convicção foi expressa pela padre Manuel Uriate, S. J., que escrevia da Missão de Manaus em meados do século XVIII: «Já faz quase cem anos que esta Companhia tenta subjugar estes índios: contudo, nem o sangue nem o suor de tantos missionários jesuítas foram suficientes para o fazer sem o apoio do braço secular... Estes povos bárbaros não ouvem as vozes dos pregadores das Escrituras, sem primeiro ouvirem o som da pólvora.» [17]

Sentimentos praticamente idênticos foram expressos pelos missionários jesuítas pioneiros em Angola e no Brasil. «Para esta espécie de gente», escrevia o padre José de Anchieta, do Brasil, em 1563, «não há melhor maneira de pregar do que com a espada e a vara de ferro.» [18] Dez anos mais tarde, o

---

[16] *Apud* Constantino Bayle, S. J., in *Missionalia Hispanica*, vol. 8 (Madrid, 1951), pp. 418-419.

[17] *Ibid.*

[18] Anchieta ao geral jesuíta Diego Laines, S. Vicente, 15 de abril de 1563, *apud* C. R. Boxer, *Race Relations in the Portuguese Colonial Empire, 1415-1825*, Oxford, 1963, p. 22n.

A IGREJA E A EXPANSÃO IBÉRICA (1440-1770)

padre Gaspar Simões escrevia de Luanda: «Quase toda a gente daqui está de acordo em que a conversão destes bárbaros nunca será feita por amor, mas sim depois de subjugados pela força das armas e tornados vassalos do senhor nosso rei.» [19] Nada mais fácil do que recolher exemplos de sentimentos semelhantes do campo missionário da Igreja, mas apenas mais um é suficiente. Fr. Antonio Margill de Jesus, um frade missionário franciscano, com experiência da América Central e Novo México, no final do século XVII, comentava enfático: «Em nenhum reino, província ou distrito deste vasto continente americano, os índios foram subjugados com êxito, sem que a pregação dos evangelhos e as falas mansas dos missionários não tivessem de ser reforçadas pelo medo e o respeito que os índios têm pelo Espanhóis.» [20]

Constantino Bayle, o historiador jesuíta espanhol do século XX, argumentava com estes e outros exemplos que «onde havia uma escola armada, o cristianismo estava firmemente plantado. Onde os missionários entravam sozinhos e desarmados, tornavam-se mártires e, regra geral, não convertiam muita gente» [21]. Talvez as exceções fossem mais numerosas do que Bayle queria admitir. À parte as reduções guaranis do Paraguai, que temos de admitir serem um caso especial, exemplos havia, na América espanhola, no Brasil, em Angola e nas Filipinas, em que os missionários desarmados e sem escolta *conseguiram* um êxito duradoiro. Aliás, a presença de soldados espanhóis servia, ocasionalmente, de intimidação e não de incitamento a ouvirem as «falas mansas» dos missionários. Os missionários alemães, flamengos e italianos no Paraguai, por exemplo, descobriram que, por vezes, os ameríndios hostis ou potencialmente hostis os ouviam muito mais facilmente quando descobriam que não eram espanhóis [22]. Resumindo, a situação variava de acordo com a época, o lugar e a natureza dos povos envolvidos. Se o procedimento mais habitual era os missionários pioneiros serem acompanhados por uma pequena escolta, vezes houve em que os missionários sozinhos conseguiram êxitos sólidos. Posso dar, como exemplo, o padre António Vieira, numa visita à serra de Ipiapaba em 1660, o padre Samuel Fritz, S. J., na parte superior do Amazo-

---

[19] Gaspar Simões ao provincial jesuíta, Luanda, 20 de outubro de 1575, in Boxer, *Race Relations*.

[20] *Apud* Constantino Bayle, S. J., in *Missionalia Hispanica*, vol. 8, pp. 419-420.

[21] *Missionalia Hispanica*, vol. 8, p. 421. Ver os comentários de Magnus Mörner sobre o artigo de Bayle in *Political and Economic Activities of the Jesuits in Paraguay* (Estocolmo, 1953), pp. 200-201, 214-215.

[22] Philip Caraman, S. J., *Lost Paradise* (Londres, 1975), pp. 315-318.

PROBLEMAS DE ORGANIZAÇÃO

nas([23]), fr. Juan de Plasencia, O. F. M., nas Filipinas([24]) e alguns dos capuchinhos italianos em Angola([25]).

Quer trabalhando sozinhos ou, mais frequentemente, em conjunto com o braço secular, não se pode negar que os missionários, frades ou jesuítas, foram o esteio do domínio colonial em muitas regiões fronteiriças. Eram menos onerosos e mais eficazes do que o custo de uma guarnição grande e dispendiosa. Um dos vice-reis do México observou certa vez: «Por cada frade nas Filipinas, o rei tem o equivalente a um capitão-general com todo o seu exército.» Isto não era uma mera hipérbole. Já aqui foi dito que, em 1787, o governador das Filipinas afirmava que «a experiência de mais de dois séculos demonstrou que em todas as guerras, rebeliões e insurreições ocorridas, os simples padres de paróquias foram os que mais contribuíram para a pacificação dos descontentes» ([26]).

A situação na Índia portuguesa, onde as regiões controladas pela coroa lusitana eram minúsculas em comparação com as vastas regiões reivindicadas pelas duas coroas ibéricas na América, era, no entanto, semelhante em muitos aspetos. O cronista franciscano de Macau, fr. Paulo de Trindade, na sua *Conquista Espiritual do Oriente*, escrita em Goa, em 1638, comentava: «As duas espadas do poder, tanto civil como eclesiástico, estiveram sempre tão próximas na conquista do Oriente que raramente encontramos uma sem a outra. Porque as armas só conquistavam através do direito que lhes era conferido pelo Evangelho e o sermão só era de algum proveito quando acompanhado e protegido pelas armas.» ([27])

Tal como os frades missionários e os jesuítas nas Filipinas tinham relutância em entregar as suas paróquias ao clero secular, quer crioulo, quer filipino, assim também os padres de paróquia jesuítas e franciscanos dos distritos fronteiriços de Bardez e Salcete, junto à ilha de Goa, eram avessos a entregar as

---

([23]) George Edmundson (org.), *Journal of the Travels of Fr. Samuel Fritz, 1686-1723* (Londres, 1922).

([24]) Juan de Plasencia chegou às Filipinas em 1572 e aí morreu em 1590. Foi o autor da narrativa-modelo dos costumes e sociedade tagalo.

([25]) António Cavazzi de Montecuccolo, O.F.M. Cap., *Istorico Descrizione de... Angola* (Bolonha, 1687).

([26]) E. H. Blair e J. R. Robertson, *The Philippine Islands*, 55 vols. (Cleveland, 1903-1909), vol. 1, p. 42; Pedro Sarrio ao rei, Manila, 22 de dezembro de 1787, *apud* Horácio de la Costa, S. J., in Anderson (org.), *Studies in Philippine Church History*, pp. 72-73.

([27]) Paulo da Trindade, O.F.M., *Conquista Espiritual do Oriente*, (org.) Félix Lopes, O.F.M., 3 vols. (Lisboa, 1962-1967), vol. 3, cap. 26, p. 127.

A IGREJA E A EXPANSÃO IBÉRICA (1440-1770)

suas paróquias ao clero secular brâmane, mesmo quando este último era, ou dizia ser, qualificado. O governo colonial português, nas pessoas dos vice-reis e arcebispos de Goa, tendia a apoiar a posição das ordens regulares. Não confiavam na lealdade dos canarins, como eram pejorativamente chamados os habitantes locais, mesmo sendo estes últimos católicos devotos há várias gerações. Aqui, uma vez mais, a motivação política era reforçada pelo preconceito racial, até que os decretos igualitários do marquês de Pombal trouxeram uma mudança de política [28].

O nível geral do clero europeu e goês em Moçambique nunca foi muito elevado e o dos frades missionários dominicanos durante o século XVIII era geralmente reconhecido como deploravelmente baixo. Contudo, tanto os padres regulares como os seculares tinham grande influência entre os Bantos, em virtude do seu estatuto sacerdotal e dos elementos sacro-mágicos da sua religião. Alexander Hamilton, o «intruso» e mordaz calvinista escocês, ao escrever acerca da sua própria experiência com os Bantos da Zambézia e do litoral de Moçambique, nos finais do século XVII, comentava: «Têm os corpos e os membros grandes e fortes e são corajosos na guerra. Só negoceiam com os Portugueses, que mantêm alguns padres ao longo da costa, os quais intimidam os tolos dos nativos e obtêm os dentes (*i. e.*, presas de elefante) em troca de ninharias e mandam o que apanham para Moçambique.» [29]

A precária posição portuguesa nestas regiões era apenas mantida através da ação destes padres missionários e do funcionamento da sociedade secular dos prazos. Estes últimos, com o decorrer do tempo, africanizavam-se cada vez mais. As guarnições da ilha de Moçambique, Sena, Tete e mais algumas das chamadas «praças», nunca tinham mais do que algumas centenas de homens, muitos deles degredados doentes e pouco disciplinados. Se não fosse a ação combinada dos padres e dos prazos, a fraca presença portuguesa na Zambézia teria acabado há já alguns séculos [30].

Recapitulando: quer olhemos para o Ocidente ou para o Oriente, os frades missionários e os jesuítas constituíam os pilares principais dos dois impérios

---

[28] Boxer, *Race Relations*, pp. 65-75 e fontes aí citadas.

[29] Alexander Hamilton (1727), *apud* Boxer, *Race Relations*, p. 47.

[30] Paul Schebesta, S. V. D., *Portugal's Konquistamission in S. O. Afrika* (Siegburg, 1966); Allen F. Isaacman, *Mozambique. The Africanization of a European Institution. The Zemberi Prozos, 1750-1902* (Madison, Wis., 1972); M. D. D. Newitt, *Portuguese Settlement on the Zambesi: Exploration, Land Tenure, and Colonial Rule in East Africa* (Londres, 1973).

PROBLEMAS DE ORGANIZAÇÃO

ibéricos durante gerações sucessivas. Alexander von Humboldt, com a sua insuperável autoridade e poder de observação, comentava na Venezuela: «Os frades missonários e alguns soldados ocupam aqui, como no resto da América do Sul, postos avançados na fronteira com o Brasil.» [31] Nem sequer o papel da Igreja como construtora de impérios (e sua consolidação) se limitou às missões de fronteira que, importantes e interessantes como eram, podem de certo modo ser consideradas fenómenos periféricos. Na ausência de guarnições militares substanciais, em qualquer lugar do mundo colonial ibérico, antes da segunda metade do século XVIII, era, antes de mais, o clero da Igreja Católica que conseguia manter a lealdade da população peninsular, crioula, mestiça e indígena às coroas de Castela e Portugal, respetivamente.

Ao serviço das duas majestades – Padroado e Patronato

A aliança estreita e indissolúvel entre a cruz e a coroa, o trono e o altar, a fé e o império, era uma das principais preocupações comuns aos monarcas ibéricos, ministros e missionários em geral. No apogeu do reinado de Carlos V, um poeta castelhano exaltava o ideal de «um rebanho, um pastor na terra (...) um monarca, um império e uma espada» [32]. Um século mais tarde, o jesuíta português mais influente do seu tempo e geração assegurava ao seu monarca que Portugal fora criado por Deus expressamente para propagar a fé cristã em todo o mundo. «E quanto mais Portugal atuar de acordo com este propósito, mais certa e segura é a sua preservação; e quanto mais divergir disso, mais incerto e perigoso é o seu futuro.» [33].

Durante séculos, a união da cruz com a coroa foi exemplificada pela peculiar instituição – o termo é razoavelmente justo, apesar da sua associação com a escravatura no «Velho Sul» – do padroado real da Igreja do ultramar exercido pelas coroas ibéricas: Padroado Real, em português, e Patronato

---

[31] *Apud* Constantino Bayle, S. J., in *Missionalia Hispanica*, vol. 8, p. 417. Ver também extratos de Humbolt in Bailey W. Diffie, *Latin-American Civilization: Colonial Period* (Nova Iorque, 1967), pp. 581-582.

[32] Hernando de Acurva (1518-c. 1580), soneto de elogio a Carlos V e à sua expansão da cristandade.

[33] António Vieira, S. J., ao rei D. Afonso VI, Maranhão, 20 de abril de 1657, *apud* C. R. Boxer; *The Portuguese Seaborne Em pire, 1415-1825*, Londres e Nova Iorque, 1969 (trad. port. *O Império Marítimo Português, 1415-1825*, Edições 70, Lisboa, 1977), p. 231.

A IGREJA E A EXPANSÃO IBÉRICA (1440-1770)

(ou *Patronazgo*), em espanhol. O Padroado Real Português pode ser vagamente definido como uma combinação de direitos, privilégios e deveres, concedidos pelo papado à coroa portuguesa, como patrono das missões católicas e instituições eclesiásticas na África, Ásia e Brasil. Estes direitos e deveres provinham de uma série de bulas e breves papais, começando pelo breve *Dum Diversas* de Nicolau V, em 1452, e culminando no breve *Praecelse Devotionis* de Leão X, em 1514. O campo de ação do Padroado Real Português no mundo não europeu foi, durante muito tempo, apenas limitado pelos direitos, privilégios e deveres paralelos conferidos ao Patronato Real da Coroa de Castela, por outra série de bulas e breves papais, dos quais o mais importante foi a bula *Universalis Ecclesiae* de Júlio II, em 1508[34].

O mais recente comentador destes breves afirma que os papas só os poderiam ter concedido se tivessem sido deliberadamente enganados pelos Portugueses quanto à situação verdadeira da África Ocidental na segunda metade do século XV, quando os habitantes negros locais não eram, na sua maior parte, nem muçulmanos nem inimigos da cristandade[35]. Isto pode ser verdadeiro para as primeiras proclamações papais de 1452-1456: mas, em 1514, se o papado quisesse, já estaria mais bem informado. Como também poderia estar mais bem informado acerca das atrocidades espanholas nas Caraíbas, onde os pacíficos Arauaques de Hispaniola e das Baamas estavam a bom caminho de ser extintos[36]. Parece mais provável, para utilizar o jargão corrente, que o papado se estivesse nas tintas. Os mundanos Bórgias e outros papas da Renascença estavam, antes de mais, preocupados com o engrandecimento familiar, a política europeia, a ameaça turca no Mediterrâneo e nos Balcãs e (depois de 1517) com a onda crescente do protestantismo. É evidente que não estavam particularmente interessados na evangelização de terras novas e distantes para lá dos limites da cristandade. Os sucessivos vigários de Cristo não viam qualquer inconveniente em deixar aos monarcas ibéricos a responsabilidade da manutenção da Igreja de além-mar em troca do privilégio de a controlarem.

---

[34] Charles Martel de Witte, O. S. B., *Les Bulles Pontificales et l'expansion portugaise au XVᵉ siècle* (Lovaina, 1958), é a monografia-modelo sobre este assunto. Para o texto da *Universalis Ecclesiae*, ver F. J. Hernáez (org.), *Colección de bulas, breves y otros documentos relativos a la iglesia de América y Filipinas*, 2 vols., (Bruxelas, 1879), vol. 1, p. 25, ff. Para uma história geral do padroado castelhano, ver W. E. Shiels, S. J., *King and Church: The Rise and Fall of the Patronato Real* (Chicago, 1961).

[35] John Francis Maxwell, *Slavery and the Catholic Church* (Chichester, 1975), pp. 50-55.

[36] Carl Ortwin Sauer, *The Early Spanish Main* (Berkeley e Los Angeles, 1966).

PROBLEMAS DE ORGANIZAÇÃO

Mesmo quando o papado já estava mais bem informado acerca da verdadeira situação, não revogou nem anulou os privilégios que tão facilmente concedera em 1452-1514.

Mais especificamente, os monarcas ibéricos foram autorizados pelo papado: a) a erigir ou permitir a construção de todas as catedrais, igrejas, mosteiros, conventos e eremitérios na esfera dos respetivos patronatos; b) a apresentar à Santa Sé uma curta lista dos candidatos mais convenientes para todos os arcebispados, bispados e abadias coloniais e para as dignidades e funções eclesiásticas menores, aos bispos respetivos; c) a administrar jurisdições e receitas eclesiásticas e a rejeitar as bulas e breves papais que não fossem primeiro aprovados pela respetiva chancelaria da coroa. Estes privilégios significavam, na prática, que todo o sacerdote, da mais alta à mais baixa categoria, só poderia exercer o cargo com a aprovação da respetiva coroa e que dependia dessa coroa para o apoio financeiro.

Aliás, a coroa podia e transferia, promovia ou afastava tais clérigos; podia e decidia os limites da sua jurisdição; podia e arbitrava qualquer conflito de jurisdição entre o poder eclesiástico e o civil e entre os eclesiásticos entre si. Portanto, em muitos aspetos, os membros do clero colonial ibérico podiam ser considerados, como o eram muitas vezes, funcionários assalariados da coroa – tal como aconteceu com o clero calvinista empregado pelas Companhias das Índias Orientais e Ocidentais Holandesas. O poder e a influência do púlpito, de uma importância vital nos tempos anteriores aos jornais, rádio e televisão, eram colocados à disposição da coroa, onde e quando esta o julgasse necessário. Claro que havia clérigos mais francos, que não hesitavam em criticar, ocasionalmente e sem rodeios, os procedimentos ou ações da coroa; mas podiam ser silenciados ou afastados a breve prazo, se a coroa o quisesse. Por outras palavras, a Igreja colonial estava sob controlo direto e imediato da respetiva coroa, salvo nos assuntos referentes ao dogma e à doutrina.

A relativa indiferença de quase todos os papas do século XVI em relação às missões de além-mar, indiferença compartilhada, a propósito, pelo prolongado Concílio de Trento (1545-1563)[37], não foi partilhada pelos seus sucessores do século XVII. O papa Urbano VIII (1623-1644), em particular, foi um

---

[37] A. da Silva, S. J., trad. Joaquim da Silva Godinho, *Trent's Impact on the Portuguese Patronage Missions* (Lisboa, 1969), é insuficiente, mas o autor admite que o Concílio se não preocupou com os problemas dos missionários, nem tão-pouco a Igreja colonial foi representada por qualquer prelado que assistisse às sessões. Muito melhor é Josef Wicki, S. J., *Missionskirche in Orient* (Immensee, 1976), pp. 213-229.

A IGREJA E A EXPANSÃO IBÉRICA (1440-1770)

patrono entusiasta dos esforços missionários; e esteve longe de se mostrar complacente para com as pretensões das coroas de Espanha e Portugal. Já nesta altura o papado tinha a pesarosa consciência de que os extensos privilégios tão facilmente concedidos aos monarcas portugueses e espanhóis eram, em muitos aspetos, altamente inconvenientes e efetiva ou potencialmente subversivos da autoridade papal. No que diz respeito ao império colonial espanhol, os sucessivos papas quase não conseguiam evitar a sua dependência do Patronato Real da coroa castelhana. Efetivamente, o papado foi perdendo regularmente terreno neste aspeto, uma vez que vários eminentes juristas espanhóis, tanto canónicos como civis, a começar pelo célebre Juan de Solórzano Pereira (1575-1654), adotaram uma linha fortemente regalista no tempo dos Habsburgos. Esta tendência intensificou-se sob o domínio dos seus sucessores Bourbons, ajudada por luminárias jurídicas como Joaquin de Rivadavia, autor do *Manual Compendio de el Regia Patronato* (Madrid, 1755).

Os Bourbons espanhóis, sob a influência do galicanismo francês e do regalismo, reivindicavam o direito de exercer o patronato, não só em virtude de sucessivas concessões papais, como em consequência direta da sua própria soberania. No Portugal do século XVIII, foram avançados argumentos semelhantes, quando o ditador marquês de Pombal proclamou (1774) que o rei de Portugal, em virtude da sua condição de dirigente supremo da Ordem de Cristo, era «um prelado espiritual» com poderes e jurisdição «superiores a todos os dos prelados diocesanos e ordinários das ditas igrejas do Oriente». Escusado será dizer que o papado não aceitou estas pretensões absurdas e extravagantes, mas a sua impotência ficou à vista de todo o mundo com a supressão da Companhia de Jesus nos impérios português (1759-1760) e espanhol (1767-1769), sem que os respetivos dirigentes obtivessem a autorização papal. Na América espanhola e nas Filipinas, o exercício do Real Patronato continuou em força até às guerras da independência. Isto também aconteceu com o Padroado Real no Brasil, onde a Santa Sé era igualmente impotente, se não mesmo relutante, para intervir.

Na Ásia e em África o caso era diferente. Frades missionários espanhóis das Filipinas conseguiram contestaram as pretensões monopolistas do Padroado Português no Japão e na China, durante finais do século XVI e princípio do XVII. Foram seguidos pelos italiano e outros missionários vindos da Europa, sob os auspícios da Congregação da Propaganda Fide, fundada em Roma em 1622, para coordenar superintender a atividade missionária à escala mundial. A partir de 1658, apareceram também os missionários franceses das Missions Étrangères de Paris. Durante a primeira metade do século XVII, as Companhias

PROBLEMAS DE ORGANIZAÇÃO

das Índias Orientais holandesa e inglesa destroçaram completamente o poderio marítimo português nos mares da Ásia. Já não havia então qualquer obstáculo que impedisse o envio de missionários não sujeitos ao Padroado Português, para qualquer lugar da Ásia, salvo para os modestos enclaves territoriais conservados pelos Portugueses. A guerra da independência de Portugal com a Espanha, que durou vinte e oito anos (1640-1668), e a sua ainda mais debilitante e prolongada luta colonial com os Holandeses (1596-1663), enfraqueceu de tal modo os recursos portugueses em homens, dinheiro e barcos que as missões do Padroado se viram numa situação desesperada. Já não era possível manter-se adequadamente, quer em pessoal, quer em dinheiro, apenas com os exíguos recursos portugueses, como fez notar, de forma enérgica, o papa Inocêncio X ao padre Nuno da Cunha, representante dos jesuítas portugueses em Roma, em 1648 ([38]).

Fracos como na realidade se encontravam, tanto na Europa como além-mar, os autointitulados «muito altos e muito poderosos» monarcas de Bragança travavam uma ação persistente na retaguarda, em defesa dos primitivos e estimados direitos de padroado. Chamavam a atenção para o facto, aliás verdadeiro, de que nunca tinham impedido os missionários estrangeiros de irem para qualquer das missões do Padroado, apenas com a condição de navegarem em barcos portugueses e reconhecerem a jurisdição da coroa portuguesa e dos prelados do Padroado. Mas estas duas condições eram precisamente aquelas a que muitos dos missionários estrangeiros cada vez punham mais objeções. Richard Flecknoe, o inglês católico, poetastro e músico, protegido do rei D. João IV, declinou a oferta de uma passagem para a Índia com o vice-rei conde de Aveiras, em 1650, com o argumento de que «em três barcos portugueses nem um só regressa são e salvo desta viagem (...) sendo o dobrar do cabo da Boa Esperança perigoso em algumas épocas do ano, épocas essas que eles nunca evitam (eles mesmos o confessam), homens imprudentes que são ou tão maus marinheiros que nem sequer escolhem a melhor ocasião ou preparam o seu barco» ([39]). Quarenta e quatro anos mais tarde, um experimentado

---

([38]) *Apud* C. R. Boxer. *The Portuguese Seaborne Empire, 1415-1825* [*O Império Marítimo Português, 1415-1825*], Londres e Nova Iorque, 1969, p. 233.

([39]) R. Flecknoe, *A Relation of Ten Years Travel* (Londres, 1656), p. 101. A decisão de Flecknoe foi sensata. Dos cinco barcos com que o vice-rei conde de Aveiras deixou Lisboa em abril de 1650, nenhum chegou à Índia nesse ano e o vice-rei morreu de febres perto de Quelimane, em novembro. C. R. Boxer, «The Carreira da Índia, 1650-1750». *Mariner's Mirror 46* (1960); 35-54.

A IGREJA E A EXPANSÃO IBÉRICA (1440-1770)

frade missionário italiano foi ainda mais crítico acerca do declínio da arte de marinhagem portuguesa e da aterradora mortalidade nas carracas e galeões da «carreira da índia». Afirmava que qualquer prelado que mandasse um missionário para a Índia num barco português deveria ser considerado culpado de pecado mortal[40]. Pode muito bem ser que estivesse a exagerar deliberadamente; mas a mortalidade entre os portugueses das Índias Orientais era frequentemente bastante elevada, por razões que aqui não vou discutir. Dos 376 missionários jesuítas enviados de Portugal para a China (via Goa) entre 1581 a 1712, 127 morreram no mar[41]. Quanto aos missionários estrangeiros (*i. e.*, não portugueses) reconhecerem a jurisdição e pretensões do Padroado, muitos deles eram especificamente proibidos de o fazer pelos seus respetivos governos.

Embora depois de 1640 o papado estivesse cada vez mais determinado a reduzir o âmbito e privilégios do Padroado e embora normalmente apoiasse os rivais franceses, italianos e espanhóis quando ocorriam conflitos de jurisdição, as exigências da política europeia, por vezes, induziam a Santa Sé a contemporizar com as pretensões portuguesas. Em 1717, o papa Clemente XI, que pedira e recebera o auxílio naval português para os Venezianos na sua luta com os Turcos no Egeu, reconheceu formalmente os três bispados chineses de Macau, Pequim e Nanquim como pertencendo ainda à esfera do Padroado. Fez também uma meia promessa (que não realizou) para se criarem três sés episcopais chinesas nas mesmas condições. *A Gazeta de Lisboa* oficial anunciou, com júbilo, que o rei D. João V – grande defensor dos seus direitos de padroado – fora reintegrado como o «despótico diretor das missões do Oriente», mas este contentamento revelou-se prematuro[42]. A Santa Sé continuou a nomear vigários apostólicos para todas as províncias da China e Indochina, sem recorrer a Lisboa. A maior parte dos prelados portugueses na Ásia, a começar pelo arcebispo de Goa, passou gradualmente a cooperar com o domínio do Vaticano. Na África Ocidental, onde os capuchinhos italianos provaram ser os missionários mais eficientes no interior, a coroa portuguesa

---

[40] Carta de fr. Giovanni Battista Morelli Castelnovo, Surat, 15 de dezembro de 1694, que me foi dada a conhecer pelo falecido Dr. George Mensaert, O. F. M.

[41] Joseph Dehergne, S. J., *Reportoire des Jesuites de Chine, 1552-1800* (Roma e Paris, 1973), p. 324n. A maior parte morria no mar entre Lisboa e Goa. A viagem de Goa para Macau, com possíveis paragens em Cochim, Colombo, Malaca e outros sítios, não era tão fatal como a «carreira da Índia».

[42] *Gazeta de Lisboa*, com a data, Roma, 26 de janeiro de 1718.

PROBLEMAS DE ORGANIZAÇÃO

concordou em cooperar com os enviados da Propaganda Fide, assim como nas ilhas de Cabo Verde e S. Tomé.

Embora a rivalidade entre o Padroado Português e o Patronato Castelhano fosse muitas vezes grande e outras vezes inflamada pela xenofobia mútua, exemplos houve de estreita e cordial cooperação entre os missionários das duas nacionalidades. A missão jesuíta no Japão, a menina bonita do Padroado, foi fundada por um basco e dois espanhóis (Francisco Xavier, Cosmé de Torres, Juan Fernández). Em finais do século XVI, os jesuítas espanhóis ainda mantinham os lugares-chave na direção da missão, à parte o bispo jesuíta português do Japão, D. Luís de Cerqueira[43]. Na mesma altura, o governador interino das Filipinas, Luis Pérez Dasmariñas (1593-1596), descrevia o bispo português de Malaca, D. João Ribeiro Gaio, como sendo muito prestável e cooperante, «e totalmente isento das manhas e pretensões do seu país«[44].

A este propósito deve dizer-se que os gerais da Companhia de Jesus em Roma, quaisquer que fossem, individualmente, os seus países de origem, sempre se esforçaram por tornar a Ordem verdadeiramente internacional, no campo missionário da Igreja. Isso foi conseguido em grande medida; mas era sempre tarefa árdua quando envolvia súbditos portugueses, espanhóis ou franceses. Os monarcas portugueses e espanhóis sempre foram ciosos dos direitos e privilégios dos respetivos patronatos; e Luís XIV não se submetia a ninguém quando se tratava de apoiar os missionários franceses no ultramar, independentemente da sua categoria ou campo missionário. Os gerais jesuítas em Roma tiveram uma tarefa particularmente difícil entre 1640 e 1668, quando a rivalidade portuguesa e espanhola era intensa e cheia de azedume. A Guerra da Sucessão Espanhola, em 1702-1715, também lhes causou muitas dores de cabeça, uma vez que os Braganças e os Habsburgos católicos eram aliados das potências marítimas protestantes contra os católicos franceses e os Bourbons espanhóis.

Também o papado se via em dificuldades para manter o equilíbrio entre as pretensões rivais dos Portugueses, Espanhóis e Franceses no campo missioná-

---

[43] Dos treze padres reunidos em Nagasáqui para a congregação jesuíta aí estabelecida em 1592 apenas quatro eram portugueses. Os cinco espanhóis presentes ocupavam todos os lugares mais responsáveis e os restantes quatro eram italianos. Ver A. Valignano, *Adiciones del Sumario de Japon*, (org.) J. L. Alvarez-Taladriz (Tóquio, 1974), p. 678n.

[44] *Apud* C. R. Boxer, «Spaniards and Portuguese in the Iberian Colonial World: Aspects of an Ambivalent Relationship, 1580-1640» in *Liber Amicorum. Salvador de Madariaga, H. Brugmans* e R. Martinez Nadai (orgs.) (Bruges, 1966), pp. 239-251.

rio da Ásia. Isto explica parcialmente os ziguezagues e atitudes hesitantes que, por vezes, a Santa Sé adotava em relação a certos problemas, como os ritos chineses. Os cardeais do Colégio da Propaganda Fide, eles próprios sujeitos a idênticas pressões políticas e nacionalistas, apoiavam, de um modo geral, os Espanhóis e os Franceses em detrimento dos Portugueses. Adotavam esta atitude em parte por razões de Estado, em parte por considerarem inferiores as qualidades dos missionários portugueses, pelo menos durante a época do influente secretário Francesco Ingoli (1622-1649), que era violenta e francamente antiportuguês[45]. Mas, como já foi notado anteriormente, quaisquer que fossem as suas apreensões acerca do funcionamento ou mau funcionamento do Padroado Português e do Patronato Espanhol, os vigários de Cristo não se aventuravam a revogar ou anular as bulas e breves em que se baseavam.

A Inquisição e as missões ibéricas

«Con el Rey y con la Inquisicion, chitón!» (Com el-rei e com a Inquisição, caluda!) – Era um provérbio muito difundido em ambos os impérios, espanhol e português. O assunto não pode aqui ser tratado convenientemente, mas como a Inquisição era uma arma da Igreja de além-mar nos dois impérios ibéricos, impõe-se uma breve consideração das suas atividades.

A Inquisição espanhola, na forma que a tornou famosa (ou infame), foi criada como uma instituição político-religiosa durante o reinado dos Reis Católicos, Fernando e Isabel. O objetivo era principalmente controlar os elementos dissidentes, potencialmente perigosos, como os recém-convertidos (pela força) mouros e os conversos ou cristãos-novos de origem judaica. A despeito de uma certa oposição inicial, particularmente em Aragão, e da relutância papal, o ramo espanhol da Inquisição depressa se tornou não só em alguns aspetos uma lei em si, como uma instituição popular para a maior parte da comunidade dos cristãos-velhos.

As funções inquisitoriais no Novo Mundo foram, a princípio, dirigidas por vários prelados; mas, em 1570-1571, estabeleceram-se dois tribunais em Lima e na Cidade do México, respetivamente, para os vice-reinos do Sul e do Norte,

---

[45] Henri Chappoulie, *Aux origines d'une Eglise. Rome et les missions d'Indochine au XVIIᵉ siècle*, 2 vols. (Paris, 1943-1948), vol. 2, índice, S. V. «Ingoli».

PROBLEMAS DE ORGANIZAÇÃO

este último incluindo as ilhas Filipinas. Em 1610, foi estabelecido um terceiro tribunal em Cartagena de Índias. Em 1575, por um edito de Filipe II, incorporado a seu devido tempo na *Recopilacion* de 1683, os ameríndios foram isentos da jurisdição da Inquisição. Não eram considerados na categoria da *gente de razón* (pessoas inteligentes) como o eram os europeus, os crioulos e mestiços; a sua conversão era considerada demasiado recente para que tivessem alcançado o mesmo conhecimento e compreensão da fé. Na prática, todavia, a Inquisição mexicana e peruana considerava, por vezes, da sua competência as ofensas ameríndias.

O ramo português da Inquisição foi estabelecido em 1536, por insistência do rei D. João III, a despeito da prolongada hesitação do papado, que só foi vencida por extenso suborno e intrigas de bastidores. Como não havia o problema mouro em Portugal, a Inquisição em Lisboa, com tribunais em Évora e Coimbra, concentrou-se imediatamente em descobrir cristãos-novos, verdadeiros ou declarados como tal, aliás «conversos» ou (mais pejorativamente), «marranos». Ambos os tribunais, o espanhol e o português, tinham competência para julgar o protestantismo e outras heresias, feitiçaria, magia, bigamia, sodomia e aberrações sexuais. Também exerciam, particularmente em Portugal, uma censura rigorosa da palavra escrita. Os protestantes nunca foram suficientemente numerosos para se tornarem uma ameaça na Península Ibérica. As ofensas sexuais não eram tratadas com maior severidade na Inquisição do que nos tribunais civis. Comparados com os caçadores de bruxas da Velha Inglaterra e Nova Inglaterra do século XVII, os inquisidores ibéricos do mesmo período parecem-nos bastante mais esclarecidos na sua atitude face à feitiçaria e à magia[46]. Era na deteção e prossecução dos criptojudeus que se concentravam as energias dos inquisidores ibéricos, tanto no Velho Mundo como no Novo. A Inquisição portuguesa nunca estabeleceu um tribunal no Brasil ou em África, contentando-se com os despachos periódicos dos visitantes das comissões a essas regiões; mas, em 1560, foi criado um tribunal em Goa, com jurisdição sobre a Ásia portuguesa e a África Oriental. O tribunal de Goa estava sob o controlo remoto do inquisidor-geral em Lisboa, assim como os tribunais da América espanhola sob a jurisdição da *Suprema* em Madrid. Embora a Inquisição espanhola tenha alcançado maior notoriedade histórica,

---

[46] Sobre a relutância da Inquisição portuguesa em interferir a sério na religião popular e na magia, ver o sugestivo ensaio de Donald Warren. Jr., «Portuguese Roots of Brazilian Spiritualism», *Luso-Brazilian Review 5* (inverno de 1968): 3-33.

A IGREJA E A EXPANSÃO IBÉRICA (1440-1770)

a Inquisição portuguesa era considerada, pelos infelizes que tiveram experiência de ambas as instituições, como sendo ainda mais cruel e inflexível[47].

O número de vítimas que morreram na fogueira nos autos de fé é insignificante quando comparado com as câmaras de gás da «solução final» de Hitler ou os campos de prisioneiros de Estaline e outros horrores totalitários contemporâneos. As piores características do processo judicial inquisitorial era ocultarem o nome das testemunhas de acusação aos acusados ou qualquer indício da extensão das provas contra eles, e os esforços empregados, muitas vezes recorrendo à tortura, para os levar a incriminar outros, a começar pela própria família. Como relatava o embaixador inglês em Lisboa, em 1682: «Pais e mães, maridos e mulheres, irmãos e irmãs, são torturados até se tornarem testemunhas de acusação uns dos outros, sem saberem qual dos outros está na prisão; e a não ser que cada um confessasse todo o ato específico de judaísmo que ele ou ela cometera, a confissão nada valia. Assim como este procedimento parece muito cruel, por um lado, também os inquisidores, por seu turno, alegam que só isso os consegue desmascarar, pois que, aparentemente, professam a religião católica e raramente são circuncidados.»[48] Os métodos adotados pela Inquisição para coligir provas incluíam uma recompensa às atividades dos informadores, mexeriqueiros e difamadores. Os ódios pessoais podiam ser vingados pela simples denúncia de que uma mulher ou um homem tinham mudado de camisa a uma sexta-feira à noite.

Um auto de fé era igual para todo o mundo ibérico e a seguinte descrição de uma testemunha ocular acerca de uma destas cerimónias realizada em Lisboa, a 31 de março de 1669, pode ser considerada típica:

> «Havia três espécies de judaizantes: primeiro, aqueles contra quem não existiam provas de acusação suficientes e que eram mandados embora depois de pagarem os encargos. Estes apareciam de hábitos negros e uma vela na mão. Os de segunda categoria, que traziam sambenitos amarelos com uma cruz vermelha, eram acusados e condenados da seguinte forma: "Os deputados do Santo Ofício da Inquisição, etc., atendendo a que N., sendo cristão batizado e obrigado

---

[47] Exemplificado in I. S. Révah. «Le Plaidoyer en faveur des Nouveaux Chrétiens portugais du licencié Martin Gonzáles de Celloriga», *Revue des Etudes Juives*, 4.ª Série, tomo 2 (122), 1963, pp. 279-398.

[48] Charles Fanshaw a Sir Leoline Jenkins, Lisboa, 11 de maio de 1682, in Public Record Office (PRO), Londres, SP89/14, fls. 199-200. Isto foi escrito depois de Fanshaw ter presenciado o auto de fé realizado em 10 de maio de 1682.

PROBLEMAS DE ORGANIZAÇÃO

a viver de acordo com a fé católica, tem vivido de acordo com a Lei de Moisés e daí aguarda salvação, e de quem há evidência que põe uma camisa lavada nas noites de sexta-feira, jejua todos os sábados até à noite e não come porco, lebre, coelho ou peixe sem escamas (*estas são as únicas provas*)[49] declaramos que é judeu. Mas, porque confessou os seus crimes e promete no futuro obedecer ao papa e à Igreja Católica, é condenado apenas a perder todos os seus bens." Imediatamente faz a abjuração, é tocado com a vara e com a aspersão de um pouco de água benta são declarados bons cristãos. Da terceira espécie havia só um, um padre, que trazia um sambenito cor de fogo, ostentando o próprio retrato a meio corpo, à frente (que depois ficará exposto na igreja dos dominicanos). As provas do seu judaísmo eram as mesmas que as dos outros, apenas era acrescentado que ele confessara acreditar que um homem se pode salvar por qualquer das duas leis e que, por isso, uma vezes cumprira uma, outras vezes outra. Após o que foi declarado um apóstata, e condenado a ser degredado, a perder todos os seus bens e a ser castigado de acordo com as leis; pelo que, em execução da dita sentença, foi ali degredado e entregue à justiça secular, que o levou para o seu próprio tribunal, onde os juízes lhe perguntaram se queria morrer na Lei de Moisés ou na de Cristo, ao que ele respondeu na de Cristo como sempre vivera. Foi então sentenciado a ser queimado e as suas cinzas lançadas ao rio e que o seu nome se tornasse infamante; a qual sentença foi imediatamente executada; mas, como declarara querer morrer como cristão, foi primeiro garrotado.» [50]

Este relato ocular vem realçar um aspeto que tem sido por vezes ignorado, pelo menos até muito recentemente. Muitos destes cristãos-novos, talvez a maior parte, vacilavam entre as duas fés, praticando ora uma, ora outra, ou ambas simultaneamente. Isto acontecia porque era genuína a indecisão ou incerteza sobre qual delas era a fé verdadeira, ou se (como neste caso particular), na prática, as duas fés se poderiam conciliar. Podem encontrar-se provas desta vacilação nos registos da Inquisição portuguesa referentes a Goa e ao Brasil; e presumo que poderá também ser encontrada na documentação da América espanhola[51].

---

[49] Parêntesis e itálico no original.

[50] Francis Parry a Joseph Williamson, Lisboa, 3 de abril de 1669, in PRO, Londres, SP89/10, fl. 55.

[51] Anita Novinsky, *Cristãos Novos na Bahia, 1624-1654* (S. Paulo, 1972), pp. 141--162, «O homem dividido»; David Grant Smith, «Old Christian Merchants and the foundation of the Brazil Company, 1649», *Hispanic American Historical Review* (maio, 1974), pp. 223-259; C. R. Boxer, «António Bocarro e o *Livro do Estado da Índia Oriental*», *Garcia de Orta*. Número especial (Lisboa, 1956), pp. 203-219; *idem*, «The commercial

A IGREJA E A EXPANSÃO IBÉRICA (1440-1770)

A fobia antijudaica, que era a marca dos perseguidores, tanto clericais como leigos, evidencia-se de modo impressionante – e também repugnante – nos sermões ditos durante os autos de fé. Muitos deles eram logo impressos em forma de panfletos e é evidente que tinham ampla circulação. Os leitores que desejem conhecer um pouco os abismos a que pode chegar o fanatismo, os preconceitos raciais e a brutalidade bestial dos clérigos, encontrarão uma excelente introdução ao assunto num artigo do falecido professor E. Glaser[52].

Um pormenor interessante, que emerge da nauseabunda monotonia desta literatura do ódio, mas que não é mencionado pelo professor Glaser, é o papel desempenhado pelas mulheres das famílias dos cristãos-novos na transmissão do criptojudaísmo. Fica-se com a ideia de que eram principalmente as mães e avós que habilmente doutrinavam as crianças (que, claro está, eram batizadas e educadas como católicos praticantes) quando chegavam à idade da discrição. Faltam-nos, inevitavelmente, provas estatísticas para o poder afirmar, até que sejam publicados na íntegra os milhares de volumosos processos inquisitoriais dos arquivos. O papel das mulheres no judaísmo era, sem dúvida, subalterno, como era também em todas as ditas religiões superiores de Arnold Toynbee; mas esta subordinação não as impediria, necessariamente, de se agarrarem aos vestígios da sua fé ancestral com maior zelo do que os homens[53].

Vestígios era, de facto, tudo de que se poderiam lembrar, durante o século XVII, em regiões onde os criptojudeus não tinham acesso às sinagogas e às práticas dos judeus ortodoxos. Um pregador cristão troçava dos marranos por saberem apenas quatro ou cinco preceitos de um total de 613 que deveriam observar como judeus ortodoxos. O bispo português Amador Arrais censurava os cristãos-novos por não serem nem verdadeiros judeus nem verdadeiros cristãos, pois não observavam nenhuma das duas fés na sua totalidade ou pureza.

---

letter-book and testament of a Luso-Brazilian merchant, 1646-1656», *Boletin de Estudios Latino-Americanos y del Caribe Numero Especial... presentado a B. H. Slicher van Bath* (18 de junho de 1975), pp. 49-56; I. S. Révah, «Le Retour au Catholicisme d'Antonio Bocarro», *Colóquio. Revista de Artes e Letras*, n.º 10 (outubro, 1960), pp. 58-60.

[52] Edward Glaser, «Invitation to Intolerance. A Study of the Portuguese Sermons Preached at Autos-da-fé», *Hebrew Union College Annual*, vol. 27 (1956) (Nova Iorque, 1958), pp. 327-385); Rosemarie Erika Horsch, *Sermões Impressos dos Autos da Fé* (Rio de Janeiro, 1969), um útil estudo bibliográfico, mas só uma ponta do icebergue.

[53] Arnold Wiznitzer, *Jews in Colonial Brazil* (Nova Iorque, 1960); José Gonçalves Salvador, *Cristãos-Novos, Jesuítas e Inquisição, 1530-1680* (S. Paulo, 1969); Novinsky, *Cristãos Novos na Bahia. C. R. Boxer, Mary and Misogny: Women in Iberian Expansion Overseas, 1415-1815* (Londres, 1975), pp. 56-58.

PROBLEMAS DE ORGANIZAÇÃO

Ao tentarem praticar ambas simultaneamente, apenas se tornavam duplamente heréticos[54]. Provavelmente, alguns dos rabinos ortodoxos concordariam com ele, pois uma vez desaparecida a primeira geração de convertidos ao cristianismo, os seus descendentes não tinham acesso aos textos hebraicos nem possibilidade de preservar e observar a Lei de Moisés na íntegra. O enfraquecimento progressivo da tradição oral com o passar de gerações sucessivas, e o ambiente católico em que viviam, do nascimento à morte, privavam cada vez mais os cristãos-novos de todos os vestígios da sua fé ancestral, exceto os mais elementares. Estes incluíam o nome de *Adonai* para Deus, a crença de que Jesus era um homem vulgar e não o Messias, e as datas de algumas festas rituais, como o Purim e a Páscoa. A doutrinação católica das crianças no colégio e a inevitável comparência assídua às missas, festas e dias santos, não deixavam, regra geral, muitas oportunidades além de uns simples e secretos desvios das práticas cristãs. As únicas exceções eram os indivíduos que podiam viajar pelo estrangeiro e conheciam terras onde o judaísmo era abertamente praticado ou mais ou menos tolerado (Amesterdão, Ruão, Cochim, etc.), e lá consolidavam e renovavam o conhecimento da sua fé. Alguns homens recorriam à circuncisão em tais lugares; mas era um passo muito arriscado se tencionavam voltar para a Península Ibérica ou qualquer domínio colonial.

Já vimos que os inquisidores tinham competência para julgar a sodomia e outras aberrações sexuais, que muitas vezes investigavam com o maior pormenor, quer fossem hetero ou homossexuais. Se era por curiosidade mórbida ou por qualquer outro motivo, não sei. Nestes tempos de «libertação *gay*», nem sempre é fácil relembrar o absoluto horror com que os europeus de todos os credos e classes sociais olhavam – ou diziam olhar – o «pecado nefando», como os Portugueses lhe chamavam. Este pecado era normalmente considerado por católicos e protestantes em geral um crime que merecia a pena de morte. Esta atitude era fundamentalmente estranha para muitas das sociedades ameríndias e asiáticas, com inevitáveis complicações na pregação do cristianismo. Também levou a algumas célebres atrocidades no mundo colonial ibérico, como a execução de Turan Xá, pretendente ao trono de Ormuz em Goa, em 1607, e ao massacre de quarenta *travestis* na corte do cacique Quarega, em 1513, por Vasco Nuñez de Balboa[55].

---

[54] Amador Arrais, *Diálogos* (Coimbra, 1604). O autor foi bispo de Portalegre e a primeira edição foi publicada em 1589.

[55] A coroa não ficou muito satisfeita com a execução de Turan Xá, e, em 1610, um decreto real restabelecia plenos direitos e privilégios a seus filhos (APO, 6, Nova Goa,

A IGREJA E A EXPANSÃO IBÉRICA (1440-1770)

Por outro lado, quando se tratava de crimes sexuais cometidos por indivíduos de baixa condição social, os inquisidores eram, por vezes, mais tolerantes. Pelas confissões feitas em Pernambuco ao visitante da Comissão Inquisitorial em 1594-1595, é bem claro que as relações anais, quer homo quer heterossexuais, eram o crime individual mais vulgarmente confessado. Mas os inquisidores parece que não se preocuparam muito com as práticas sexuais da classe servil mais baixa e de cor, considerando-os quase ou mesmo sub-humanos, cuja salvação espiritual era, ao fim e ao cabo, problemática e de pouca importância[56].

Uma outra função importante do Santo Ofício era a censura de livros e manuscritos das bibliotecas públicas e privadas. Listas de livros proibidos foram promulgadas pelos ramos espanhol e português da Inquisição, bem como pela sede principal em Roma. Estas listas, de forma e conteúdo variáveis, incluíam muitas vezes não só obras de autores heréticos ou livres-pensadores, como também algumas obras de escritores católicos devotos. Entre estes últimos figuravam o dramaturgo Gil Vicente, o cronista João de Barros e o escritor devoto fr. Luís de Granada, O. P. Há quem defenda que a Inquisição não foi uma verdadeira barreira à realização intelectual e ao pensamento inovador, uma vez que a era dourada do teatro e da literatura espanhola coincide aproximadamente com os anos de maior atividade da Inquisição. Este argumento é de validade duvidosa. O objetivo da Inquisição espanhola e portuguesa não era a mera preservação da pureza e ortodoxia teológicas, mas sim a supressão de quaisquer ideias novas que se pudessem conceber como ameaça ou descrédito ao dogma católico, como ele era ensinado na Península Ibérica[57].

Além do mais, a tripla censura exercida pela coroa, a Igreja e a Inquisição sobre todos os manuscritos submetidos a publicação depois de cerca de 1536, formava por si só uma barreira que deve ter desencorajado muitos autores, principalmente em Portugal, onde a censura era ainda mais rígida do que em

---

1875, doc. 105, pp. 841-842). Acerca dos *travestis* que foram despedaçados por mastins por ordem de Balboa, ver Sauer, *The Early Spanish Main*, p. 232.

[56] Patricia Aufderheide, «True Confessions: the Inquisition and Social Attitudes in Brazil at the Turn of the 17th (= 16th) century», *Luso-Brazilian Review* (inverno de 1973), pp. 208-240, especialmente p. 219.

[57] António José Saraiva, *História da Cultura em Portugal*, 3 vols. (Lisboa, 1950--1962), vol. 3, pp. 108-189), para uma excelente discussão analítica sobre a censura inquisitorial em Portugal.

PROBLEMAS DE ORGANIZAÇÃO

Espanha. Como fr. Francisco de Santo Agostinho de Macedo, O. F. M., um inquisidor português com experiência do Santo Ofício em Itália e Espanha, complacentemente observou em 1645: «A vigilância (da Inquisição) em esquadrinhar doutrinas suspeitas é incrível; e sempre assim foi neste reino, em que os manuscritos têm de ser revistos tantas vezes e aprovados por tantos censores com tanto rigor, que é esta uma das razões por que são publicados aqui tão poucos livros; e as suas listas de livros proibidos são as mais pormenorizadas e as mais precisas.» [58]

O obscurantismo lusitano era, sem dúvida, uma triste realidade então e por muito tempo ainda. Enquanto os monarcas espanhóis consentiram que as imprensas funcionassem nas suas possessões de além-mar desde relativamente cedo (México, 1539; Peru, 1584; Filipinas, 1593), os reis portugueses só sancionaram o funcionamento de uma imprensa colonial em Goa durante cerca de um século (*c.* 1556-c. 1676). Algumas tentativas para iniciar uma imprensa no Brasil (1706 e 1749) foram rapidamente abafadas pelo governo português. Só depois da chegada dos Braganças em fuga, em 1808, foi ali autorizada uma imprensa. Quando foi solicitado a Pombal o restabelecimento da imprensa em Goa, ele recusou bruscamente esta sugestão. Como consequência, os missionários portugueses no Brasil e na África tinham de mandar os catecismos, gramáticas e dicionários para Portugal, para serem censurados, impressos e publicados; um processo dispendioso e moroso, que os seus colegas espanhóis normalmente conseguiam evitar. Os da Ásia por vezes conseguiam imprimir as suas obras em sítios como Pequim, fora do controlo português e da vigilância inquisitorial, mas estes lugares tinham falta de máquinas impressoras.

A época dourada dos inquisidores ibéricos – se é este o termo correto – coincidiu, aproximadamente, com o século XVII. Foi este o período da sua maior influência e atividade, em Madrid ou na Cidade do México, em Lisboa ou na Goa dourada. Durante o século XVIII, o crescimento do regalismo e do racionalismo, o progresso do iluminismo nas suas variadas formas e a política dos ministros anticlericais em Madrid (Floridablanca) e Lisboa (Pombal) foram fatores importantes para o enfraquecimento da influência, poder e prestígio dos ramos ibéricos da Inquisição, depois de 1750. É sintomático deste declínio que, pouco antes dessa data, um inquisidor português fosse ele pró-

---

[58] Francisco de Santo Agostinho de Macedo, O. F. M., *Filippica Portuguesa contra la investiva Castellana* (Lisboa, 1645), *apud* Saraiva, *História da Cultura em Portugal*, vol. 3, p. 188.

A IGREJA E A EXPANSÃO IBÉRICA (1440-1770)

prio responsável pela reimpressão clandestina do *Verdadeiro Methodo de Estudar* (1751) de Luís António Verney. Esta obra criticava severamente o obscurantismo clerical e a sua primeira edição fora banida, confiscada e destruída pela Inquisição portuguesa cinco anos antes. Aliás, o transgressor apenas foi castigado com uma leve reprimenda e pouco mais[59]. Da mesma forma, a renovação das interdições inquisitoriais à importação de livros heréticos e subversivos para a América espanhola e portuguesa era cada vez mais evitada. No último quartel do século XVIII, eram praticamente ineficazes. Muitas das bibliotecas particulares coloniais, incluindo as pertencentes aos padres católicos, continham livros do huguenote Pierre Bayle, do polemista radical Abbé Raynal e outros precursores e exemplos dos filósofos franceses. Temos de admitir que estes livros não tinham grande circulação e que a maioria do povo permanecia analfabeto, principalmente no Brasil; mas as revoluções vitoriosas são organizadas pelas cúpulas e não pelas bases[60].

Resumindo os quatro problemas organizacionais discutidos neste capítulo, talvez possamos arriscar as seguintes conclusões. Embora a tensão existente entre o clero regular e o secular não fosse necessariamente uma barreira para a mútua cooperação e pudesse talvez até alimentar uma rivalidade saudável entre as duas, produziu, muitas vezes, confrontos eclesiásticos estéreis. Por outro lado, feitas as contas, a missão, como instituição de fronteira, foi coroada de êxito, sobretudo nas regiões selvagens da América ibérica. O padroado real exercido pelas duas coroas ibéricas durante os séculos XVII e XVIII, identificava cada vez mais a Igreja com o Estado, vindo a culminar no exagerado regalismo dos Bourbons e dos Braganças. De certa forma, este acontecimento só pode ser considerado prejudicial para a vida espiritual da Igreja do ultramar. As modernas atitudes face à Inquisição dependerão, em grande parte, das filiações religiosas (se as houver) do leitor individual. Mas, mesmo aqueles que a consideram – como eu – uma instituição odiosa, têm de admitir que o seu poder real desaparecera já praticamente nos finais do século XVIII.

---

[59] António Alberto de Andrade, *Verney e a cultura do seu tempo* (Coimbra, 1905), pp. 462-463.

[60] Mario Gongora, *Studies in the Colonial History of Spanish America* (Cambridge, 1975), pp. 159-205; E. Bradford Burns, «The Intellectuals as Agents of Change and the Independente of Brazil, 1724-1822» in *From Colony to Nation: Essays on the Independence of Brazil*, A. J. R. Russel-Wood, (org.) (Baltimore, 1975), pp. 211-246.

Capítulo IV

Uma Tentativa de Balanço

O leitor que persistiu até aqui neste estudo sobre a expansão e a consolidação do cristianismo ibérico militante no ultramar, pode ser levado a perguntar qual a conclusão de tudo isto? Valeu a pena? Os missionários conseguiram o que se propunham fazer e, se não, porquê? Até que ponto tiveram de entrar num compromisso com as crenças e ritos indígenas?

Aqui, uma vez mais, as convicções religiosas individuais do leitor (se as tem) irão forçosamente influenciar a sua opinião. Além disso, certo campo missionário tem sido mais intensamente estudado que outro. Se é verdade que grande quantidade de documentação se encontra já publicada, muito mais está ainda por publicar nos arquivos de Roma, Lisboa, Madrid, Sevilha, Goa, México, etc. Muitas das conclusões apenas podem ser tiradas a título experimental, tendo em conta o atual estado do nosso conhecimento histórico e a posição vigente da Igreja Católica num mundo em contínua evolução. Mas podem aqui ser formuladas algumas tentativas de conclusões, tendo em consideração três problemas principais (e com continuidade): a) quantidade e qualidade dos convertidos pela Igreja; b) persistência da idolatria e do cristianismo sintético; c) fluxo e refluxo do entusiasmo missionário.

Qualidade e quantidade dos convertidos

Pouco antes de deixar Malaca a caminho do Japão, em junho de 1549, S. Francisco Xavier escreveu aos missionarios jesuítas nas Molucas, dando-lhes as diretrizes a seguir na correspondência com os seus superiores na Europa. Deveriam escrever um relato pormenorizado do trabalho de conversão, «e que seja sobre assuntos edificantes; e cuidado, não escrevam sobre assuntos que o não sejam... Lembrem-se que muita gente vai ler essas cartas e assim devem ser escritas de forma a que todos fiquem edificados» ([1]). Esta ordem era normalmente cumprida de forma rigorosa, principalmente quando as cartas e relatórios se destinavam a circular livremente ou a ser publicados. Quando assim não acontecia, as próprias sedes em Roma, Lisboa ou Madrid editavam as missivas, antes de permitir uma maior circulação ou publicação. Tendo em conta esta rígida censura, estas cartas cuidadosamente editadas, valiosas como são, em muitos aspetos, devem ser utilizadas com alguma reserva.

Destinadas a apelar para o interesse pela missão, muitas vezes dão a ideia de que as coisas corriam muito melhor do que na realidade acontecia. Para eles, os convertidos são muitos, inteligentes e espetacularmente devotos. Os pagãos são invariavelmente derrotados nas discussões com os cristãos em geral e com os missionários em particular. Há um tom geral de otimismo, por vezes a roçar o triunfalismo. Tem-se a ideia de que a conversão de incontáveis milhares seria uma coisa relativamente simples, bastava apenas haver mais missionários no campo para garantir uma colheita potencialmente rica. A conversão do governante, quer este fosse o grande mogol Akbar, o imperador manchu K'anghsi, o «imperador» de Monomotapa ou mesmo o Dalai Lama do Tibete, é encarada como uma possível eventualidade, proporcionando, assim, gloriosas perspetivas da conversão em massa de todos os súbditos destes governantes, de acordo com o encorajador precedente do imperador Constantino. De um modo geral, os missionários das outras ordens religiosas seguiram uma orientação parecida com a dos jesuítas e pelas mesmas razões

---

([1]) S. Francisco Xavier a João de Beira, S. J., e outros jesuítas nas Molucas, d. Malaca, 20 de junho de 1549, in Georg Schurhammer, S. J., e Josef Wicki, S. J. (orgs.), *Espistolae S. Francisci Xaverii aliaque eius scripta*, 2 vols. (Roma, 1944-1945), vol. 2, pp. 108-115, especialmente p. 113. Ver também Michael Cooper, S. J., *Rodrigues the Interpreter: An Early Jesuit in Japan and China* (Nova Iorque e Tóquio, 1974), pp. 163-164; João Correia Afonso, S. J., *Jesuit Letters and Indian History, 1542-1773* (Bombaim, 1955, edição revista, 1969).

UMA TENTATIVA DE BALANÇO

– a edificação dos fiéis na pátria, procurando induzir maior número de voluntários para o serviço das missões no ultramar.

A combinação desta euforia evangélica com a predileção pelos números redondos e uma certa tendência para utilizar a regra de multiplicar resultava amiúde em estimativas exageradas acerca do número de convertidos. Muitas vezes, não se fazia qualquer distinção entre os católicos praticantes com algum conhecimento da sua fé e aqueles cujo cristianismo era meramente nominal. As conversões em massa tinham tendência a ser seguidas, mais tarde ou mais cedo, por apostasias em massa, nas regiões onde o poder secular não podia ser utilizado como suporte do espiritual, ou onde o governante indígena (ou proprietário da terra) decidia perseguir os seus súbditos (ou rendeiros) cristãos. Pelo contrário, em regiões efetivamente colonizadas ou dominadas, como em vastas regiões da América espanhola, as autoridades eclesiásticas e civis em conjunto controlavam os convertidos.

Ao recordar, uma vez mais, o euforismo de Hilaire Belloc de que «todas as generalizações são falsas, incluindo esta», talvez me arrisque às seguintes generalizações acerca dos convertidos da Ásia portuguesa, desde o cabo da Boa Esperança até ao Japão. Os muçulmanos e os judeus, com algumas exceções individuais e insignificantes, permaneceram impermeáveis à propaganda cristã, salvo quando essa era imposta pela força, como acontecia às mulheres muçulmanas prisioneiras de guerra. O mesmo se aplicava aos hindus, pelo menos no que diz respeito a certas castas. Uma exceção notável foi a conversão em massa ao cristianismo, em Goa e distritos vizinhos, da maioria dos seus habitantes, mesmo os brâmanes, por entre ameaças e promessas, entre 1540 e 1570[2]. Assim também, os budistas da escola *Hinayana* («Pequeno Veículo») não foram basicamente afetados pelo evangelismo cristão na Birmânia, Sião, Laos e Camboja. Os aderentes da escola *Mahayana* («Grande Veículo»), no Japão e na China, mostraram-se mais recetivos à mensagem do Evangelho, embora eu próprio não consiga explicar porquê. As regiões culturalmente divididas, como o Ceilão, com os seus tâmiles hindus e os seus budistas cingaleses, também deram os seus frutos, pelo menos em parte, porque os Portugueses destruíram os templos locais e baniram os sacerdotes indígenas.

---

[2] C. R. Boxer, «A Note on Portuguese Missionary Methods in the East, 16th-18th centuries», *Ceylon Historical Journal* 10 (Dehiwala, Colombo, 1965), 77-90, e fontes aí citadas. Anthony d'Costa, S. J., *The Christianisation of the Goa Islands, 1510-1567* (Bombaim, 1965), deve ser lido à luz da análise crítica in *Bulletin of the School of Oriental and African Studies* 29 (1955), 399-401.

A IGREJA E A EXPANSÃO IBÉRICA (1440-1770)

Aventurar-me-ia a dizer que o número total de cristãos nunca excedeu os 300 000, quer no Japão do século XVI, quer na China do século XVII, a que correspondem, respetivamente, os anos dourados dessas duas missões[3]. O número de cristãos na Índia portuguesa propriamente dita dificilmente terá atingido os 200 000 no máximo, talvez com perto de 100 000 no Ceilão (Sri Lanka), quando o domínio português na ilha estava no seu apogeu. Nas Filipinas, uns cinquenta anos de intensos esforços missionários resultaram em cerca de meio milhão de cristãos, por volta de 1622[4], e as bases do cristianismo filipino ficaram solidamente assentes, exceto nas regiões muçulmanas de Mindanau, Jolo e Sulu. No Vietname do Norte e do Sul, poderemos considerar um total de 300 000 por volta de 1660, como já foi apontado.

Os números não fazem sentido no caso da América espanhola, onde as condições eram muito diferentes das da África e da Ásia. Um efetivo controlo dos Espanhóis assegurava a rápida e completa cristianização dos povos indígenas nas regiões conquistadas, pelo menos aparentemente.

Mais importante do que a quantidade de convertidos era a sua qualidade. Isto era um problema complexo, tanto no Oriente como no Ocidente. É evidente que muitos dos adultos batizados *en masse* em sítios tão longínquos como o México asteca ou a Goa hindu apenas ficaram superficialmente cristianizados. Os missionários, ou alguns deles, não tinham ilusões a este respeito. Mas, como argumentava o primeiro prelado de Goa, o bispo titular de Dume, em 1522, se ninguém esperava que na primeira geração de convertidos houvesse bons cristãos, já os seus filhos seriam intensamente doutrinados e assim se iria enraizando a fé nas gerações sucessivas[5]. De facto, foi exatamente o que aconteceu em muitas regiões, principalmente nas que estavam sob efetivo controlo ibérico. Tal como na Europa os descendentes dos Saxões, Teutões e Eslavos, primitivamente convertidos pela força, a seu tempo se tornaram cristãos fervorosos, assim também os habitantes do México Central e

---

[3] Sobre o Japão, ver C. R. Boxer. *The Christian Century in Japan, 1549-1650* (1951; reeditado, Berkeley e Los Angeles, 1974), pp. 320-321, e sobre a China, François Bontinck, *La lutte autour de la liturgie chinoise aux XVIIe et XVIIIe siècles* (Lovaina e Paris, 1962), p. 273.

[4] John Leddy Phelan, *The Hispanization of the Philippines: Spanish Aims and Filipino Responses, 1700* (Madison, Wis., 1959), pp. 56-57.

[5] Bispo de Dume ao rei D. João III, Cochim, 12 de janeiro de 1522, in A. da Silva Rego (org.), *Documentação para a história das missões do Padroado Português do Oriente, Índia*, vol. 1. *1499-1522* (Lisboa. 1947), pp. 452-453.

106

UMA TENTATIVA DE BALANÇO

das ilhas de Goa se ligaram profundamente à religião que fora imposta, de forma pouco branda, aos seus antepassados. Nestas circunstâncias, era inevitável a tendência para se desenvolverem versões sincréticas do cristianismo: mas antes de discutirmos sumariamente este aspeto, poderemos considerar alguns métodos mais contestáveis que a Igreja empregava para obter convertidos.

Como já foi mencionado, nos relatórios que faziam circular na Europa os missionários normalmente acentuavam o fervor, a docilidade e a adaptação dos seus convertidos: mas na sua correspondência confidencial e com os seus superiores ou com o poder secular, eram geralmente mais francos. Quando, sob a influência de Bartolomé de las Casas e seus aderentes, a coroa espanhola pensou em considerar as ilhas e continentes do Mar Oceano como território de um império puramente espiritual, sem a presença de numerosos conquistadores espanhóis e colonos, em Lima, um grupo de influentes teólogos reagiu energicamente contra a execução de tão utópica ideia. Argumentavam que na ausência de um forte elemento de colonos espanhóis, os ameríndios rapidamente se revoltariam e regressariam às suas antigas práticas idólatras, pelas seguintes razões: a) porque tinham nascido e crescido na idolatria: b) pelos métodos equívocos utilizados para a sua conversão: c) pela «dureza, servitude e cobiça desenfreada» de que eram vítimas: d) pela «diligência e persuasão do Demónio que os continua a enganar com a esperança vã de que os Espanhóis abandonarão esta terra, deixando-os novamente donos e senhores, como eram anteriormente» [6].

Esta atitude era partilhada pela grande maioria dos que pensavam neste problema: e era muitas vezes apresentada como justificação do império no mundo colonial ibérico. Fossem quais fossem os abusos e maus tratos sofridos pelo convertidos sob o domínio das coroas de Castela e Portugal – e frequentemente se admitia que os abusos eram muitos e graves – nada poderia justificar um abandono do domínio colonial. Isto levaria inevitavelmente à reincidência ou à destruição das comunidades indígenas cristãs, criadas sob sua autoridade e proteção. O padre António Vieira, S. J., num célebre sermão pregado aos seus colegas missionários no Maranhão (1657), traçou uma alegoria entre o cristão europeu e o ameríndio, comparando o primeiro a uma estátua de mármore e este último a uma estátua de murta com a forma humana. «A estátua de mármore custa muito a fazer pela dureza e renitência da matéria,

---

[6] *Parecer* de 1567 *apud* Josep M. Barnadas, *Charcas. Orígenes históricos de una sociedad colonial* (La Paz, 1972), pp. 176-177.

A IGREJA E A EXPANSÃO IBÉRICA (1440-1770)

mas, uma vez feita, não é necessário que lhe ponham mais a mão. A estátua de murta é mais fácil de formar, pela facilidade com que se dobram os ramos; mas é necessário andar sempre a reformá-la e a trabalhá-la, para que se conserve. Se deixa o jardineiro de ajudar, em quatro dias faz-se um ramo e o que pouco antes era homem é já uma confusão verde de murtas.»[7] Nem a Igreja nem a coroa podiam conceber o abandono de uma comunidade cristã, uma vez esta estabelecida. Filipe II, quando aconselhado a abandonar as ilhas Filipinas por serem uma permanente sobrecarga económica para a coroa de Castela, retorquiu que nunca o faria enquanto ali existisse um só cristão que fosse[8]. Os monarcas portugueses da Casa de Bragança adotaram uma atitude semelhante quando o seu império das Índias se desmoronou sob os ataques dos heréticos holandeses (1640-1663) e dos maratas hindus (1737-1740), e alguns homens de estado os aconselharam a cortar despesas.

A convicção de que as pessoas, uma vez batizadas e convertidas, se tornavam católicas praticantes, a quem não podia ser permitida a reincidência ou o renegar da fé, independentemente dos meios utilizados para a sua conversão, levou a abusos graves. Embora, de uma maneira geral, o ensinamento da Igreja condenasse de forma explícita o uso da força na obtenção de convertidos, os métodos violentos eram muitas vezes utilizados e justificados pelo recurso ao preceito bíblico *compele eos entrare*, «força-os a entrar» (Lucas 14, 16-24). Não quero dizer que se fizessem convertidos à ponta da espada ou ao som do canhão, embora isto às vezes acontecesse; e os escravos eram frequentemente batizados de forma sumária, sem qualquer doutrinação prévia[9]. Mas o processo mais utilizado era a supressão ou a expulsão do clero indígena; a destruição de templos «pagãos», astecas, maias, hindus ou budistas; a excomunhão e a destruição pelo fogo de todos os textos sagrados indígenas; e a proibição de qualquer forma de procissão religiosa, ritos ou cerimónias, salvo os da Igreja Católica, ou as feitas à porta fechada, toleradas de má

---

[7] António Vieira, S. J., Sermão do Espírito Santo, proferido em S. Luís do Maranhão, 1657. Ao contrário da maioria dos seus contemporâneos, neste sermão Vieira encara a possibilidade de os índios do Brasil virem um dia a alcançar as honras do altar e, por implicação, do sacerdócio. Ver Maxime Haubert, *L'Eglise et la défense des «sauvages»*. *Le Père Antoine Vieira au Brésil* (Bruxelas, 1964), pp. 153-155.

[8] Magino Sola, S. J., no prefácio de 12 de fevereiro de 1660, a Francisco Colin, S. J., *Labor Evangélico de los obreros de la Compañía de Jesus en las Islas Filipinas* (Madrid, 1663).

[9] Ver pp. 45-50.

108

UMA TENTATIVA DE BALANÇO

vontade, como, por vezes, as cerimónias de casamentos hindus. Este «rigor de mercê», como era às vezes chamado, implicava, com efeito, o uso da força; principalmente quando era complementado, como o era frequentemente, pela comparência obrigatória às classes catecúmenas. Privados dos seus sacerdotes, *mullahs*, xamãs ou feiticeiros, conforme fosse o caso, e impossibilitados de praticar abertamente os ritos e cerimónias das suas fés ancestrais, criou-se um vazio cultural e religioso nas comunidades indígenas subjugadas. Este vazio só poderia ser preenchido pela conversão ao catolicismo ou pela prática secreta de qualquer forma mais ou menos sincrética do cristianismo.

Embora alguns missionários não gostassem de utilizar métodos violentos ou equívocos, outros membros da Igreja havia que tinham poucos escrúpulos a este respeito. A acreditarmos no testemunho sob juramento de dois frades missionários dominicanos, praticava-se um abuso particularmente grave na Goa dourada dos fins do século XVI, princípios do século XVII. Há já muito que ali era praticado o batismo em massa; mas estas duas testemunhas oculares alegavam que estas cerimónias se tinham tornado numa tragicomédia. Afirmavam que os jesuítas organizavam um batismo anual em massa na Festa da Conversão de S. Paulo (25 de janeiro) e que os neófitos eram arranjados da seguinte maneira. Uns dias antes da cerimónia, os jesuítas percorriam as ruas do bairro hindu, aos pares, acompanhados dos seus escravos negros a quem instigavam a capturar hindus «como galgos atrás de uma lebre». Quando os negros alcançavam um fugitivo, tocavam-lhes os lábios com um pedaço de carne de vaca, provocando assim a perda de casta e tornando-o equivalente a um pária, ou «intocável». A conversão ao cristianismo era então praticamente a sua única opção; mas, mesmo assim, o período de doutrinação era muitas vezes limitado a três dias. Estes dois frades alegaram ainda que os hindus tinham começado a contra-atacar este método, efetuando uma cerimónia especial de purificação em território hindu no continente adjacente, onde os que assim tinham sido maltratados se podiam purificar do seu pecado involuntário, «embora, de acordo com a sua religião, isto não possa ser feito». As alegações dominicanas contra os jesuítas não devem ser tomadas muito à letra; mas sabemos por outras fontes contemporâneas que a prática jesuíta do batismo em massa suscitava críticas e dúvidas([10]).

([10]) Fr. Diego Aduarte, O. P., e fr. Gabriel de San Antonio, O. A., memorial datado Valladolid, 8 de fevereiro de 1601 (coleção do autor).

109

A IGREJA E A EXPANSÃO IBÉRICA (1440-1770)

A *quinta-coluna cristã*

Quer esta alegação seja ou não verdadeira, o facto é que muitos dos convertidos e seus descendentes se tornaram súbditos leais da Igreja e da Coroa. Um cronista das missões jesuítas, o padre Fernão Guerreiro, observou em 1605: «Quanto mais pagãos convertidos a Cristo, mais os amigos e vassalos adquiridos para o serviço de Sua Majestade, porque mais tarde estes convertidos lutarão pelo Estado (da Índia portuguesa) e pelos cristãos contra os seus compatriotas não convertidos.» ([11]). Isto era em grande parte verdade, mas não invariavelmente; e era algo que preocupava muitos dos príncipes e potentados indígenas em várias épocas e vários lugares. A grave decisão do governo Tokugawa em realizar o *sakoku*, ou política do «país interdito», em 1639--1640, foi tomada, em grande parte, com medo de uma «quinta-coluna» indígena cristã, cujos aderentes pudessem invocar a ajuda militar ibérica e fornecer carne para canhão aos daimios insatisfeitos. Este receio era francamente exagerado, mas, não obstante, real.

Toyotomi Hideyoshi, o verdadeiro governante do Japão em 1587-1598, justificou a confiscação da carga do galeão naufragado de Manila, o *San Felipe*, e a execução de missionários e seus convertidos, em 1597, afirmando que os missionários eram os organizadores e a vanguarda de uma quinta--coluna cristã, subversiva a toda a estrutura social e a todo o espírito religioso japoneses. Ao rejeitar os protestos do governador de Manila acerca deste martírio, a que foi dado grande publicidade, Hideyoshi fazia a pergunta, retórica: «Se, por acaso, quaisquer religiosos japoneses ou seculares entrassem nos vossos reinos e aí pregassem a religião de Xinto, desinquietando e perturbando desse modo a paz pública, teríeis vós, como senhor da terra, tolerado isso? Por certo que não: e assim podereis julgar o que fiz.» ([12])

([11]) Fernão Guerreiro, S. J., *Relacam Anual... 1602 e 1603* (Lisboa, 1605), p. 110 (ver a citação completa do cap. 2; n.º 18). De forma significativa, no pertinente cabeçalho do capítulo lê-se: «Dos serviços prestados por esta Companhia em todas as supracitadas regiões do Oriente, não só a Deus, como também a Sua Majestade e à Coroa deste reino.»

([12]) Sobre o caso do *San Felipe* em 1596-1597 e suas consequências, existe muita bibliografia da qual basta citar Boxer, *The Christian Century in Japan*, pp. 163-167, 416--424; *idem*, *Indiana University Bookman*, n.º 10 (novembro de 1969), pp. 25-46; George Elison, *Deus Destroyed: The Image of Christianity in Early Modern Japan* (Cambridge, Mass., 1973), pp. 136-141, 159, 426-428; Michael Cooper, S. J., *Rodrigues the Interpreter*, pp. 132-159.

UMA TENTATIVA DE BALANÇO

Quase século e meio depois, o imperador manchu Yung-cheng deu uma resposta semelhante aos jesuítas no tribunal de Pequim: «Que diríeis vós se eu mandasse um grupo de bonzos ou lamas ao vosso país pregar as suas doutrinas? Quereis que todos os chineses se tornem cristãos. A vossa religião assim o exige, bem sei. Mas, nesse caso, o que será de nós? Ficaremos súbditos do vosso rei? Os convertidos que fizerdes, em tempos conturbados recorrerão a vós. A única voz que ouvirão será a vossa. Sei que, agora, não há nada a recear; mas, quando os vossos barcos chegarem aos milhares, então haverá, provavelmente, grandes perturbações.» [13]

Hoje, poderemos pensar que ambos tinham razão. Mas é evidente que estas respostas não eram convincentes para as mentalidades fechadas a que eram dirigidas. Estes membros da Igreja estavam convencidos de que as suas próprias atividades eram inspiradas por Deus e, por conseguinte, acima da interferência humana; ao passo que as dos aderentes de fés pagãs eram inspiradas pelo Diabo. Por isso, estes últimos podiam (e deviam ser) reprimidos pela força e pela lei, onde e sempre que o braço secular pudesse servir de apoio ao poder eclesiástico.

Persistência do cristianismo católico romano

Poderemos mencionar um último ponto em relação ao problema da qualidade dos convertidos. É a extraordinária persistência do cristianismo católico, uma vez firmemente implantado, mesmo que de forma muito simples, ou então em formas adulteradas ou sincréticas. Protestantes ingleses e holandeses, testemunhas oculares da perseguição sádica aos convertidos católicos nos primeiros tempos do governo Tokugawa no Japão, ficavam espantados com a firmeza da gente simples perante a fogueira. Entre estes, incluíam-se «crianças de cinco e seis anos, queimadas nos braços de suas mães, clamando "Jesus, recebei as suas almas"». Esta firmeza, comentava um severo calvinista holandês, é antes de mais teimosia «porque (no que diz respeito às Sagradas Escrituras) pouco sabem e apenas conseguem repetir um Pai-Nosso e uma Ave-Maria, e algumas orações aos santos» [14]. Menos impressionante, mas

---

[13] *Apud* C. R. Boxer, *The Portuguese Seaborne Empire, 1415-1825* (*O Império Marítimo Português, 1415-1825*, Edições 70, Lisboa), Londres e Nova Iorque, p. 242.

[14] Relatos das testemunhas oculares de Richard Cocks (1619) e Reyer Cysbertsz (1626), de fácil consulta in Michael Cooper, S. J., *They Came to Japan: An Anthology of European Reports on Japan, 1543-1640* (Londres, 1965), pp. 388-389.

A IGREJA E A EXPANSÃO IBÉRICA (1440-1770)

mais bizarro, é caso de um grupo de escravos negros fugidos de Macau que se refugiaram entre os chineses na província de Fuquiem e continuaram a batizar os seus filhos (de mulheres chinesas, provavelmente) e a fazer celebrar os seus casamentos por padres católicos de Macau, que os visitavam periodicamente[15].

Se nos deslocarmos uma vez mais com Sir William Temple «da China ao Peru», encontramos os igualmente exóticos indígenas da república zamba das Esmeraldas, que são outro caso semelhante. Descendentes de escravos naufragados da África Ocidental e de mulheres ameríndias locais, em 1570, mantiveram a completa autonomia regional, mas consentiam que padres católicos os visitassem ocasionalmente e lhes dessem assistência[16]. Também os escravos africanos fugidos nos quilombos ou campos de guerra das regiões interiores do Brasil muitas vezes mantinham uma forma adulterada de catolicismo, de preferência a voltar inteiramente às suas crenças ancestrais africanas[17].

Os missionários protestantes achavam esta persistência do catolicismo muito desconcertante e uma frustração, uma vez que muitos deles consideravam o marianismo e o culto dos santos e imagens mais grave do que o paganismo puro[18]. Durante os dois séculos de existência da Companhia das Índias Orientais Holandesa, os seus *predikanten* (pastores) calvinistas nunca conseguiram competir em iguais condições com os padres católicos. As comunidades eurasiáticas de Batávia, Malaca, Coromandel, Ceilão e Malabar, a partir dos meados do século XVII sempre que podiam, e muitas vezes com

---

[15] Bispo Palafox, *Conquest of the Empire of China by the Tartars* (Londres, 1671), pp. 8, 300-307; François de Rougement, *Relaçam do Estado político e espiritual do império da China, 1659*-1666 (Lisboa, 1672), pp. 7-8.

[16] John Leddy Phelan, *The Kingdom of Quito in the Seventeenth century* (Madison, Wis., 1967), pp. 3-22.

[17] José Alipio Goulart, *Da Fuga ao suicídio. Aspetos da rebeldia do escravo no Brasil* (Rio de Janeiro, 1972); Stuart B. Schwarz, «The Mocambo: Slave Resistance in Colonial Bahia», *Journal of Social History*, n.º 4 (verão de 1970), pp. 313-333: Edison Carneiro, *O Quilombo dos Palmares*, 3.ª ed. (S. Paulo, 1966).

[18] Entre outros com as mesmas opiniões, posso citar Jean Brun, *La Veritable Religion des Hollandois, avec une apologie pour la Religion des Etats Generaux des Provinces Unies* (Amsterdão, 1675), e G. de Raad, *Bedenckingen over den Guineeschen Slaefhandel der Gereformeerde met de Papisten* (Vlissingen, 1665). Devo uma fotocópia deste último livro, obra muito rara e da qual só devem existir dois exemplares, à amabilidade do Sr. Franz Binder.

UMA TENTATIVA DE BALANÇO

consideráveis riscos pessoais, deixavam o *predikant* a falar num templo vazio e iam ouvir missa, batizar os filhos ou celebrar casamentos, aproveitando a passagem de um padre católico disfarçado. Do ponto de vista dos protestantes, a existência das duas fés rivais era o equivalente religioso da Lei de Gresham, com a «idolatria papista» continuamente a ganhar terreno à custa da «verdadeira religião cristã reformada».

Aliás, mesmo onde os cristãos indígenas se impacientavam com a suserania ibérica ou com o jugo colonial, não desejavam, por via de regra, abandonar a fé que a Igreja implantara nos seus antepassados. Assim, D. Garcia II, rei do Congo em 1641-1666, enquanto se aliava cordialmente aos invasores de Angola, os holandeses calvinistas, em 1641-1648, recusava terminantemente a propaganda protestante e orgulhava-se de ser um filho leal da Madre Igreja[19]. D. Mattheus de Castro, bispo de Crisópolis, o brâmane acerbamente antiportuguês, embora incitasse os heréticos holandeses e o sultão muçulmano de Bijapur a expulsarem os Portugueses de Goa, estipulava em ambos os casos que a religião católica deveria continuar a ser abertamente praticada, com todo o seu ritual e cerimonial[20]. Tão-pouco Tupac Amaru II, líder da grande rebelião ameríndia no Peru, em 1780-1782, advogava a separação da Igreja colonial espanhola do Estado, ou o regresso à adoração do Sol dos seus antepassados incas.

A persistência da idolatria e do cristianismo sintético

O já citado aforismo «a religião de um homem é a superstição de outro» aplica-se aqui com propriedade. Muita gente afirmaria que o cristianismo em si é uma religião sintética – ramificação do judaísmo mesclado de elementos gregos e romanos, entre outros. Tão pouco se sabe de Jesus de Nazaré que é possível argumentar que o cristianismo, na sua subsequente evolução, foi primeiramente a obra de S. Paulo, de Filon de Alexandria e dos padres da

---

[19] Jan Vansina, *Kingdoms of the Savanna* (Madison, Wis., 1966), pp. 142-152; W. G. L. Randles, *L'Ancien Royaume du Congo des Origines à la fin du XIXᵉ siècle* (Paris, 1968), p. 110.

[20] Dom Theodore Ghesquiere, *Mathieu de Castro, premier vicaire apostolique aux Indes* (Lovaina, 1937); Carlos Merces de Melo, S. J., *The Recruitment and Formation of the Native Clergy in India, 16th-19th Centuries: An Historico-Canonical Study* (Lisboa, 1955), pp. 215-253.

A IGREJA E A EXPANSÃO IBÉRICA (1440-1770)

Igreja. Ou, como Norman Douglas sarcasticamente definiu: «esse bizarro *tutti-frutti* alexandrino que dá pelo nome de cristianismo»[21]. Tal conceção era, obviamente, totalmente estranha para os aderentes da Igreja, fossem católicos ou protestantes. Para eles, a Bíblia era a origem e pedra de toque da verdade e todas as palavras das Sagradas Escrituras gravadas sob inspiração divina.

Todavia, mesmo na Europa, alegadamente equiparada à fé por Hilaire Belloc («A Fé é a Europa e a Europa é a Fé»), o que se poderia chamar «cristianismo popular», impregnado de crenças pré-cristãs, persistiu durante séculos. Esta fusão de crenças cristãs e pagãs estava amplamente difundida na Península Ibérica, talvez mais particularmente em Portugal. Toda a espécie de práticas ligadas aos antigos deuses subsistiam obstinadamente nos hábitos e crenças do povo, principalmente entre os camponeses, embora não exclusivamente. A crença nos ritos de fertilidade, bruxas, vampiros, mau-olhado, conjuros e presságios estava tão profundamente entranhada a todos os níveis da sociedade, que o ramo português da Inquisição contentava-se, normalmente, com denúncias rotineiras de tais práticas, ou em aplicar castigos relativamente brandos[22]. Em Espanha, os inquisidores talvez fossem um pouco mais severos mas, embora em certa medida eles próprios acreditassem na bruxaria, isso não os preocupava excessivamente, como acontecia com os povos do Norte da Europa e da América do Norte, durante o século XVII. Em Portugal, onde as sobrevivências pagãs eram mais fortes, acreditava-se, frequentemente, que os espíritos dos mortos pairavam sobre os lugares da sua vida terrena. Eram até capazes de fazer mal aos descendentes que não propiciassem orações e ofertas. A crença na magia branca ou negra era muito espalhada e já antiga. Uma obra médica publicada por um cirurgião minhoto, com longa experiência do Brasil, que teve duas edições entre 1735 e 1755, embora prolifere em denúncias de médicos impostores e charlatães de ambos os sexos, contém, igualmente, uma extensa lista de remédios e receitas que agiam por simpa-

---

[21] Penso que o comentário foi feito por Norman Douglas, mas perdi a referência.

[22] Donald Warren, Jr., «Portuguese Roots of Brazilian Spiritism», *Luso-Brazilian Review* 5 (inverno de 1968), pp. 3-33, é particularmente percetivo da atitude da Inquisição portuguesa. Ver também Rodney Gallop, *Portugal: A Book of Folk-ways* (Cambridge, 1936), pp. 49-185; A. H. de Oliveira Marques, *Daily Life in Portugal in the Late Middle Ages* (Madison, Wis., 1971), pp. 206-228. Acerca da sobrevivência da religião popular e da magia branca e negra noutros lugares, ver Gerald Strauss, «Success and Failure in the German Reformation», *Past and Present*, n.º 67 (maio de 1975), pp. 30-63.

tia, incluindo prescrições para a cura da impotência sexual causada pela bruxaria[23].

Peru

Dado que as crenças pagãs persistiram durante muito tempo de uma forma tão profunda na Europa cristã em geral e na Península Ibérica em particular, não é de espantar que a Igreja estivesse empenhada numa luta incessante contra as crenças indígenas fortemente enraizadas no ultramar. Bastarão alguns exemplos. Recentemente, foi chamada a nossa atenção, e muito justamente, para a notável persistência das religiões indígenas no Peru, a despeito dos esforços da Igreja para as suprimir. Durante o século XVII, a Igreja colonial desencadeou tremendas campanhas para «procurar e destruir», com o objetivo de erradicar as crenças e práticas pré-cristãs. Os resultados foram variáveis, sendo bastante eficazes em alguns distritos, menos noutros, enquanto que algumas regiões nunca tiveram a experiência destas visitas inquisidoras[24]. Fosse como fosse, a coexistência religiosa ou sincretismo era muito vulgar. Muitos ameríndios que frequentavam regularmente a Igreja ouviam missa devotamente, cantavam com alegria no coro e eram batizados, casados e enterrados no seio da Madre Igreja, praticavam do mesmo modo os seus ritos cerimónias ancestrais – ou algumas das suas formas – muitas vezes com adições e tonalidades católicas. Como os não convertidos chineses e japoneses que nada viam de incongruente em reconhecer a validade simultânea do confucianismo e do budismo (juntamente com o tauísmo na China o xintoísmo no Japão), muitos ameríndios acreditavam simultaneamente no Deus cristão e nas suas divindades anteriores à Conquista e no Demónio na sua forma bíblica e indígena. Enquanto o cristão europeu acreditava, ou era suposto acreditar, que «reto é o caminho e estreita a senda que conduz à salvação», muitos dos não cristãos estariam de acordo com o rajá indiano que disse: «A verdade é uma joia de muitas facetas.»

---

[23] C. R. Boxer, «A Rare Luso-Brazilian Medical Treatise and Its Author: Luís Gomes Ferreira e o seu *Erario Mineral* de 1735 e 1755», *Indiana University Bookman*, n.º 10 (novembro de 1969), pp. 49-70, e *idem*, «A footnote to Luís Gomes Ferreira, *Erario Mineral*, 1735 e 1755», *ibid.*, n.º 11 (novembro de 1973), pp. 89-92.

[24] Pierre Duviols, *La Lutte contre les réligions autochtones dans le Pérou colonial: «L'extirpation de l'idolatrie» entre 1532 et 1660* (Lima e Paris, 1971).

A IGREJA E A EXPANSÃO IBÉRICA (1440-1770)

Um dos jesuítas pioneiros no Peru comentava depreciativamente que os ameríndios «eram como os mouros de Granada, na medida em que todos, ou quase todos, de cristãos só têm o nome e apenas praticam as cerimónias exteriores». Um século mais tarde, as coisas pouco tinham mudado, a acreditarmos no que afirmava o dr. Lara Galán, em 1677: «A idolatria dos índios está hoje mais solidamente implantada do que no princípio da conversão destes reinos.» Contudo, isto era um exagero evidente. O seu colega Juan de Esquivel andava mais perto da verdade quando escrevia nesse mesmo ano: «Estou convencido de que todo este arcebispado está corrompido pela idolatria.» [25] Mas se para a Igreja Católica do Peru colonial a erradicação das crenças indígenas era um trabalho de Sísifo, conseguiu, pelo menos, modificá-las e adaptá--las, a ponto de a Madre Igreja ser aceite como medianeira entre o mundo individual e o sobrenatural. No México, onde a Igreja melhor conseguiu impor o cristianismo em extensão e profundidade, o culto da Virgem de Guadalupe proporcionou, para milhões, uma fusão muito satisfatória das crenças cristãs e pagãs [26].

Congo

Era mais um sítio com uma história semelhante de sincretismo, coexistência, simbiose, fusão ou qualquer outro termo que o leitor prefira para classificar o resultado da confrontação entre o cristianismo militante e os cultos indígenas. O velho reino do Congo foi superficialmente cristianizado durante o longo reinado de D. Afonso I (1506-1543), que era um propagandista ativo e sincero do cristianismo e da civilização material do Ocidente, filtrada através da coroa de Portugal e dos seus emissários, eclesiásticos e leigos, na África Central ocidental. A história da abortada tentativa para fazer do Congo do século XVI um precursor (em retrospetiva) do Japão Meiji já foi contada muitas vezes e o leitor interessado pode consultar os dois excelentes trabalhos de Georges Balandier e W. G. L. Randles, respetivamente [27]. Aqui, basta relembrarmos que a aceitação de alguns elementos do cristianismo, dos quais o mais

---

[25] *Ibid.*

[26] Jacques Lafaye, *Quetzalcoatl et Guadalupe: La formation de la conscience nationale au Mexique* (Paris, 1974), sobre a simbiose do mito ameríndio asteca de Quetzalcoatl e o mito cristão espanhol de Guadalupe.

[27] Georges Balandier, *Daily Life in the Kingdom of the Kongo from the 16th to the 18th Century* (Nova Iorque, 1969): Randles, *L'Ancien Royaume du Congo.*

UMA TENTATIVA DE BALANÇO

importante era o batismo, pelos Congoleses, não significava a adesão total, mas sim um desejo de obter maior conhecimento e eficácia ritual. Com a possível exceção de D. Afonso I, nem os governantes nem o povo alguma vez se dispuseram a abandonar a poligamia; e os esforços dos missionários nesse sentido falharam completamente. No Congo, o rei simbolizava a união mística e a interdependência do governante e do país. Com a aceitação do cristianismo, submetia-se a uma dupla consagração durante as cerimónias da coroação, em que o estilo da investidura cristã representava uma fachada modernista e uma santificação suplementar do seu poder mágico.

Depois do colapso da autoridade real, consequência da derrota e morte de D. António I às mãos dos Portugueses e dos seus aliados Jagas, na batalha de Ambuíla (29 de outubro de 1665), a forma sincrética existente do cristianismo ficou ainda mais adulterada e fragmentada. A subsequente «época agitada» culminou, no princípio do século XVIII, no curioso movimento antoniano, que era uma forma remodelada e completamente africanizada do cristianismo. A fundadora e profetisa deste culto foi uma jovem aristocrata, de nome Kimpa Vita, aliás D. Beatriz. Quando estava doente e à beira da morte, teve uma visão em que sonhou que se tornava a personificação de Santo António. Dizia ela que o Congo era a verdadeira Terra Santa e que Cristo nascera de uma Virgem Negra em S. Salvador (Mbanza Congo). Adaptou alguns hinos e orações católicas, incluindo a Ave-Maria e a *Salve Regina*, mas exortava os discípulos a não venerarem a cruz, «porque era o instrumento da morte de Cristo». Despertou os sentimentos nacionais, originou esperanças messiânicas e profetizou uma era de ouro para um reino do Congo restaurado, se os seus ensinamentos fossem aceites. Esta doutrina encontrou bastante apoio popular, mas os missionários capuchinhos italianos conseguiram finalmente persuadir D. Pedro IV, rei do Congo na época, a prendê-la e executá-la. Foi condenada à fogueira, juntamente com o filho e o seu «anjo da guarda» – ou amante, como os capuchinhos afirmavam. As vítimas morreram a 2 de julho de 1706 e D. Beatriz, tal como Joana d'Arc, pereceu com o nome de Jesus nos lábios [28].

---

[28] A narrativa mais completa é a de L. Jadin, «Le Congo et la secte des Antoniens. Restauration du royaume sous Pedro IV et la "Saint Antoine" Congolaise, 1694-1718», *Bulletin de l'Institut Historique Belge Rome*, fasc. 33 (Bruxelas, 1961), pp. 412-614. Para relatos mais resumidos baseados neste artigo, ver L. Jadin, «Les sectes religieuses secretes des Antoniens au Congo. 1703-1709», *Cahiers des Religions Africaines,* 2 n.º 3 (Kinshasa), (janeiro de 1968): pp. 109-120); Balandier, *Daily Life in the Kingdom of the Kongo*, pp. 257-263.

Moçambique

A coexistência e o sincretismo religioso eram igualmente conspícuos na outra costa da África negra. A fusão das crenças bantos e cristãs nas cerimónias da coroação e entronização dos reis do Congo teve a sua correspondência, depois de 1629, em rituais semelhantes na coroação do «imperador» de Monomotapa, como eram chamados de forma grandiloquente os chefes supremos, superficialmente cristianizados, na confederação tribal Karanga. Na África Oriental, tal como na Ocidental, os missionários não conseguiram impedir a prática da poligamia. A aceitação do cristianismo na real cultura ritual do império de Monomotapa era ainda mais superficial do que no reino do Congo. No vale do rio Zambeze e na região costeira desde Sofala às ilhas Querimba, onde o cristianismo militante tinha de competir com o Islão, bem como com as crenças indígenas bantos, a fusão das três fés despertou as denúncias furiosas dos missionários mais ativos e conscienciosos. Um deles, fr. João dos Santos, O. P., autor do clássico *Ethiopia Oriental*, relata com orgulho como evitou, pela força, que um chefe de tribo suaíli em Querimba circuncidasse os seus próprios filhos muçulmanos, embora o frade admitisse que devia a vida à irmã desse chefe, que fora sua enfermeira dedicada durante uma doença grave. O dominicano também acabou com a prática existente de as mulheres muçulmanas convidarem as suas amigas cristãs aos domingos e dias santos «em que todas cantavam, dançavam e se divertiam como se fossem todas muçulmanas». Acrescentava que conseguira abolir essa «prática perniciosa» a despeito de muitos ressentimentos locais, tanto da parte muçulmana como dos cristãos [29].

Embora este frade militante dominicano estivesse convencido de que acabara com esta fusão amigável de práticas cristãs, muçulmanas e pagãs, de facto estas relações mantiveram-se. Um edito promulgado pela Inquisição de Goa, em 1771, denunciava numerosos «ritos, cerimónias e abusos supersticiosos», que prevaleciam entre muitos dos cristãos de Moçambique. Incluíam o

---

[29] João dos Santos. O. P., *Ethiopia Oriental* (Évora, 1609), pt. 2, liv. 2, cap. 13. Sobre a cultura do Monomotapa e sua simbiose religiosa, ver também Paul Schebesta, S. V. D., *Portugal's Konquistamission in S. O. Afrika* (Siegburg, 1966), especialmente pp. 44-53; M. D. D. Newitt, *Portuguese Settlement on the Zambesi: Exploration, Land Tenure, and Colonial Rule in East Africa* (Londres, 1973); W. G. L. Randles, *L'Empire du Monomotapa du XVᵉ au XIXᵉ siècles* (Paris, 1975), que estranhamente ignora as cerimónias de coroação.

UMA TENTATIVA DE BALANÇO

costume islâmico de exibir publicamente aos parentes, amigos e vizinhos reunidos, o pedaço de pano ou linho manchado com a prova do primeiro coito entre um casal recém-casado. Outros abusos condenados pela Inquisição incluíam a celebração ritual da primeira menstruação de uma rapariga, invocando «o Sagrado Nome de Jesus»; ritos supersticiosos ligados à saúde das mães grávidas e ao batismo dos recém-nascidos; costumes fúnebres que implicavam que uma escrava dormisse na cama de um senhor recentemente falecido, com um escravo da mesma casa; e o costume largamente divulgado do *muave*, o método indígena da justiça sumária. Esta prática consistia em as pessoas acusadas tomarem uma infusão da casca de determinada árvore. Se o fizessem sem más consequências, eram declaradas inocentes e, desse modo, autorizadas a dispor da vida e da propriedade dos acusadores. Estes e outros ritos similares não estavam limitados aos recentemente convertidos bantos, eram também praticados por brancos, mulatos e goeses [30].

Índia e China

Ao deslocarmo-nos para a Índia portuguesa propriamente dita, verificamos que o sincretismo e coexistência entre as fés rivais do hinduísmo e cristianismo continuou, em certa medida, mesmo no território adjacente à Goa dourada, onde os convertidos e seus descendentes estavam debaixo do olhar vigilante do arcebispo, dos inquisidores e dos membros das ordens religiosas. Os sucessivos concílios eclesiásticos efetuados em Goa a partir de 1567 proibiam terminantemente a celebração pública de qualquer forma de religião, exceto a católica. Estes concílios também determinaram severas restrições às relações sociais entre famílias portuguesas e seus vizinhos não cristãos, mas estes regulamentos nem sempre eram estritamente observados. Até em 1725--1731, quando a grande maioria dos habitantes de Goa, Bardez e Salcete eram já devotos cristãos há gerações, alguns deles foram acusados de participarem

---

[30] «Edital da Inquisição de Goa contra certos costumes e ritos da África Oriental», 21 de janeiro de 1771, in J. H. da Cunha Rivara (org.), *O Chronista de Tissuary*, 4 vols. (Nova Goa, 1866-1869), vol. 2, pp. 273-275. Sobre idêntico sincretismo entre as práticas muçulmanas e cristãs no Senegal francês do século XVIII, ver J. D. Hargreaves, «Assimilation in 18th century Senegal», *Journal of African History*, 6 (1965), 177-184, e George E. Brooks, «The *Signares* of Saint-Louis and Goreen: Women Entrepreneurs in Eighteenth-Century Senegal» in *Women in Africa: Studies in Social and Economic Change*, (orgs.) Nancy J. Hofkin e Edna G. May (Stanford, Calif., 1976), pp. 19-44.

A IGREJA E A EXPANSÃO IBÉRICA (1440-1770)

em cerimónias de casamento hindus, não só à porta fechada, mas publicamente. Em 1731, um inquisidor afirmava por escrito que padres hindus e brâmanes bem educados (Botos) e *gurus* (professores) atravessavam secretamente a fronteira e visitavam as aldeias cristãs. Aí discutiam «as doutrinas da sua seita com os homens e mulheres, persuadindo-os a darem esmolas aos ditos pagodes, para a sua decoração, lembrando-lhes a boa sorte que todos os seus antepassados tinham usufruído como resultado de os sustentarem. Dizem-lhes que, por terem faltado a esta obrigação, é que hoje vivem tais infortúnios. Ao convencê-los com estes argumentos, induzem-nos a dar as ditas esmolas e a ir (do outro lado da fronteira) aos ditos pagodes, e aí fazer oferendas e sacrifícios e outras cerimónias diabólicas, abandonando a Lei de Cristo». Este inquisidor queixava-se de que muitas regiões fronteiriças tinham sido pervertidas e imoralizadas deste modo. É provável que exagerasse consideravelmente o perigo, mas não há dúvida de que ele existia[31]

Os problemas criados pelos missionários – principalmente jesuítas, mas não todos – que toleravam os ritos do Malabar na Índia e os ritos de Confúcio, na China, são demasiado conhecidos para que aqui necessitem mais do que uma simples referência. Os defensores de ambas as formas de tolerância eram muitas vezes acusados pelos seus críticos, tanto nessa altura como depois, de assimilarem o cristianismo ao hinduísmo, ou ao confucianismo, quando devia ser o contrário. A atitude papal sobre estes problemas calorosamente debatidos, aos quais se juntava o mundo culto da Europa, oscilava consideravelmente. Os ritos chineses foram, por fim, inequivocamente condenados pelo papa Bento XIV em 1742. Dois anos depois, o mesmo papa condenava a maior parte dos ritos do Malabar.

Filipinas

O sincretismo nas Filipinas não suscitou qualquer discussão na Europa, mas os missionários dessas ilhas preocupavam-se naturalmente com o assunto. O falecido professor Phelan demonstrou-nos que os rituais e crenças filipinos da pré-conquista acabaram por perder a sua identidade pagã, confundindo-se com o catolicismo popular ou tradicional. Com o decorrer do tempo, este pro-

---

[31] Inquisidor António de Amaral Coutinho à Coroa, Goa, 26 de janeiro de 1731, in J. H. da Cunha Rivara, *Ensaio Historico da Lingua Concani* (Nova Goa, 1858), pp. 354-356.

UMA TENTATIVA DE BALANÇO

cesso adquiriu crescente intensidade; mas, ainda nos nossos dias, entre os camponeses das Filipinas o catolicismo popular está impregnado de uma atmosfera de miraculoso e de sobrenatural – como acontece em qualquer outra parte do mundo ibérico. Fr. Tomas Ortiz, O. E. S. A., um missionário com bastante experiência nas Filipinas e na China (1690-1742), sugeriu que alguns rituais filipinos para apaziguar as almas dos mortos eram derivados dos *Sangleyes* ou mercadores chineses de Fuquiem que se tinham instalado nas ilhas. Dava como exemplo o costume de tocar tambores, gongos e campainhas durante o eclipse da Lua, para impedir que esta fosse engolida por um tigre, dragão ou crocodilo. A despeito da semelhança de tais cerimónias, é mais provável que fossem de origem indígena. Fosse como fosse, o frade Ortiz tinha uma opinião relativamente branda acerca de tais práticas supersticiosas e mandava os seus colegas investigá-las cuidadosamente porque as considerava inofensivas para os crentes simples e ignorantes [32].

O fluxo e refluxo do entusiasmo missionário

Em 1569, Gaspar da Cruz, um frade missionário dominicano e autor do primeiro livro europeu sobre a China, começa o prólogo do seu trabalho com a seguinte exortação: «Para que os povos possam ser chamados a comparecer e ouvir o Evangelho, como deve acontecer antes do fim do mundo (segundo S. Paulo e segundo Cristo através de S. Mateus), Deus ordenou as descobertas feitas pelos Espanhóis no Novo Mundo e as dos Portugueses na navegação da Índia. Por estes meios, Deus, através dos seus servos, tem convertido muitos povos recém-chegados à fé e assim continuará e os irá convertendo, até (como diz o apóstolo S. Paulo) que chegue o transbordar dos povos: Israel salva pela conversão judeus e gentios num só rebanho e, deste modo, formarão o seio de uma só Igreja, santa e católica, sob um só Pastor, como diz Cristo.»

No capítulo final do seu tratado sobre a China, Gaspar da Cruz menciona alguns terríveis presságios e prodígios, inundações, tremores de terra e outras coisas semelhantes, que em 1556 tinham devastado regiões inteiras. Isto é manifestamente um eco dos piores tremores de terra conhecidos (registados), que mataram cerca de 800 000 pessoas durante o império Ming. O frade tam-

---

[32] Phelan, *The Hispanization of the Philippines*, pp. 78-81: extratos de Tomas Ortiz, O. P., *Practica del ministerio* (Manila, 1731), in E. H. Blair e J. Rohertson (orgs.), *The Philippine Islands*, 55 vols. (Cleveland, 1903-1909), vol. 43, pp. 103-112.

121

A IGREJA E A EXPANSÃO IBÉRICA (1440-1770)

bém menciona o espetacular cometa de março de 1556, que se dizia ter acelerado a abdicação do imperador Carlos V. Gaspar conclui então piedosamente e em tom profético: «Pode bem ser que este sinal tenha sido universal por todo o mundo e que signifique o nascimento do Anticristo. Porque o mundo dá sinais de estar a acabar e as Escrituras demonstram, em grande parte, que estão quase a ser cumpridas... Quer seja uma coisa ou outra, ou o que Deus quiser, possa Deus na Sua infinita misericórdia abrir os olhos destas gentes cegas pela ignorância da verdade, para que possam chegar ao Seu conhecimento. E oremos todos para que Ele abra o caminho aos Seus servos, para que eles possam pregar a estes povos, e assim conduzi-los à recompensa da Sua Santa Igreja. Ámen.» [33]

A América espanhola

Esta eufórica exortação com tons apocalípticos e milenaristas reflete uma convicção fervorosa que era defendida por muitos missionários da Igreja, literalmente – uma vez mais – da China ao Peru. Em sítio nenhum isto foi mais claramente demonstrado do que na Nova Espanha do século XVI, onde a noção da monarquia universal dos Habsburgos espanhóis se fundia com a tradição espiritual franciscana do misticismo apocalíptico na mente de muitos frades missionários pioneiros. Quando fr. Francisco de los Angeles, superior-geral da Ordem dos Franciscanos, se despediu dos doze frades que iam partir encarregados da conversão dos recentemente conquistados Astecas, em 1524, referiu-se à sua missão como o começo da última pregação do Evangelho nas vésperas do fim do mundo. Alguns destes frades pioneiros, e dos seus sucessores imediatos, estavam fortemente influenciados pelos ensinamentos místicos e milenaristas do abade Joaquim de Fiora (falecido em 1202), ou pelos que mais tarde lhe foram atribuídos. Isso também aconteceu com Cristóvão Colombo [34].

---

[33] Gaspar da Cruz, O. P., *apud* C. R. Boxer, org. e trad., *South China in the Sixteenth Century*, Hakluyt Society (Londres, 1953), pp. 51, 227.

[34] John Leddy Phelan, *The Millenial Kingdom of the Franciscans in the New World*, 2.ª ed. revista (Berkeley e Los Angeles, 1970), especialmente pp. 17-28, acerca da tradição espiritual-joaquinista franciscana; J. S. Cummins «Christopher Columbus: Crusader, Visionary, and Servus Dei» in *Medieval Hispanic Studies Presented to Rita Hamilton*, (org.), A. D. Deyermond (Londres, 1976), pp. 45-55.

UMA TENTATIVA DE BALANÇO

Este misticismo apocalíptico, com ou sem laivos de «joaquinismo», é natural que estimulasse o zelo já de si fervoroso dos conquistadores espirituais da Nova Espanha, ao convencê-los de que não lhes restava muito tempo. Os resultados do seu incansável zelo e entusiasmo foram impressionantes, mesmo descontando evidentes exageros, como a pretensão de que fr. Pedro de Gante batizava ameríndios na Cidade do México a uma média de 14 000 por dia. Em 1559, em toda a Nova Espanha, os franciscanos tinham um total de 80 casas e 380 religiosos; os dominicanos, 40 casas e 210 religiosos; os agostinhos, 40 casas e 212 religiosos. Por outras palavras, menos de mil frades missionários ministravam a alguns milhões de ameríndios e a conquista espiritual do México estava praticamente completa[35].

As décadas de 1560 e 1570 viram o fim da era de ouro dos esforços missionários na Nova Espanha. Em parte porque o trabalho de base da conversão estava feito; em parte porque a coroa, os bispos e o clero secular começavam a usurpar a posição privilegiada das ordens mendicantes; e em parte também porque o zelo apocalíptico e utópico que inspirara a geração anterior resfriara visivelmente. É evidente que não estava morto; mas, em termos práticos, o seu canto do cisne ecoava nos escritos do frade franciscano Geronimo de Mendieta, em finais do século XVI, que o falecido professor Phelan analisou de forma tão perspicaz. Daí em diante, eram as missões de fronteira nos limites norte da Nova Espanha que atraíam os missionários mais ardentes e abnegados.

A conquista espiritual do Peru tomou um rumo diferente e foi menos completa do que a do México. Nem é para admirar. Os obstáculos físicos eram maiores do que na América Central e a maioria dos povos indígenas opunha-se à nova fé com uma resistência mais profunda e obstinada. A própria atividade missionária teve um começo mais lento menos dinâmico. Francisco Pizarro, embora católico convicto, não era um ardente defensor e apoiante do trabalho missionário, ao contrário de Hernan Cortés, «o Moisés do Novo Mundo», como o frade Mendieta lhe chamava. Compare-se a piedosa humildade com que Cortés recebeu, um joelho em terra, os «doze apóstolos» pioneiros, que ele próprio pedira, com a brusca rejeição de Pizarro à proposta de conversão de um frade: «Não vim aqui com essas intenções: vim para lhes

---

[35] Ver capítulo 2, n.º 26. Na p. 10 do artigo citado, Lockhart chama a atenção para o facto de os laicos espanhóis serem mais ubíquos e desempenharem um papel muito mais importante no trabalho da conversão do que Ricard dá a entender.

A IGREJA E A EXPANSÃO IBÉRICA (1440-1770)

tirar o ouro»[36]. O fervor apocalíptico e utópico que animava tantos dos primeiros frades na Nova Espanha estava ausente, de um modo geral, nos do Peru.

Existiam, é certo, uns quantos frades comparáveis, a nível individual, aos seus colegas do México. Mas, durante as três primeiras décadas do Peru colonial, era queixa generalizada que os frades mais aptos a atuarem como *doutrineros* eram poucos e raros. Os padres seculares, presentes em maior número, estavam principalmente interessados no lucro económico e confortos materiais.

Em 1563, foi oficialmente calculado que não existiam mais do que 350 padres ordenados, tanto regulares como seculares, no vasto vice-reino do Peru, que incluía os «reinos» de Quito e Chile, comparados aos 820-900 na Nova Espanha. Mais tarde, houve um aumento considerável; o frade carmelita Vázquez de Espinosa calculou um total (*c.* 1620) de 236 casas, 2982 padres ordenados e 302 coadjutores de ameríndios para as cinco ordens religiosas (franciscanos, dominicanos, agostinhos, mercedários e jesuítas) que trabalhavam no vice-reino do Sul. Os padres seculares eram, evidentemente, mais numerosos[37]. Todavia, fossem quais fossem os totais num dado período, e a despeito do facto de os funcionários da coroa terem tendência para se queixar de que os padres infestavam o Peru, na realidade, o potencial humano da Igreja foi sempre insuficiente para realizar a conquista espiritual do Peru da forma como fora conseguida na Nova Espanha. Quanto a isso, o catolicismo na América Latina em geral sempre enfrentou este problema: uma média de 5000 a 10 000 comungantes, apenas com um padre para os servir, desde os primeiros tempos da era colonial até aos nossos dias[38]. Daí, a inevitável tendência para o sincretismo, como já foi apontado.

O Império Português

Se o século XVI foi a época em que o fervor apocalíptico e o sonho de uma monarquia mundial dos Habsburgos inspiraram muitos dos missionários espa-

---

[36] *Apud* Lewis Hanke, *The Spanish Struggle for Justice in the Conquest of America* (Madison, Wis., 1968), p. 51.

[37] Antonio Vazquez de Espinosa, *Compendium and Description of the West Indies*, trad. Charles Upson Clark (Washington, D. C.. 1942), p. 457.

[38] Pierre Chaunu, *Conquète et exploiation des nouveaux mondes. XVIe siècle* (Paris, 1969), p. 399.

nhóis, o século XVII assistiu ao florescimento de um movimento messiânico e milenarista português, que defendia a ideia de que o rei de Portugal se tornaria o chefe de uma monarquia universal. Os «sessenta anos de cativeiro» de Portugal por Castela, entre 1580 e 1640, quando as duas coroas se uniram nas pessoas dos Habsburgos espanhóis, coincidiram com o espetacular aumento do culto do sebastianismo. Esta crença teve a sua origem na convicção, na mente de muitas gente de todas as classes, de que o rei D. Sebastião, derrotado e morto no campo de batalha marroquino de Alcácer-Quibir (4 de agosto de 1578), não estava realmente morto e um dia voltaria para retomar o trono e conduzir a nação a novas glórias sem precedentes. Um frade capuchinho inglês de Bruxelas, que passara alguns meses em Lisboa em 1633, escreveu que todo o Portugal endoidecera com D. Sebastião: «Nem os Turcos acreditam mais firmemente no seu Maomé, nem os Judeus no seu Messias, nem os Galeses no rei Artur, como os Portugueses em geral acreditam no seu D. Sebastião: clero, teólogos, pregadores, cavalheiros e religiosos de todas as ordens.»[39]

Esta crença era reforçada entre todas as classes pela ampla divulgação de profecias em manuscrito, numa linguagem obscura e inferior, conhecidas como as *Trovas de Bandarra*, que antecederam o movimento sebastianista, mas que se tornou a sua Bíblia a partir de 1580. Redigidas num estilo vago e hermético, profetizavam a chegada (ou o regresso) de um rei redentor, que estabeleceria um império mundial de direito e justiça – o quinto império mundial profetizado no Livro de Daniel. Isto seria acompanhado pela reconquista de Jerusalém aos Turcos, pelo derrube do Império Otomano e pela reaparição das dez tribos perdidas de Israel. Culminaria na conversão de todos os não crentes e heréticos à religião católica, sob a suserania espiritual do papa e a suserania temporal do rei de Portugal. O mais célebre e influente expoente da ideia de que Portugal estava destinado ao quinto império num futuro próximo foi o padre António Vieira, S. J. (1608-1697). Este entusiasta campeão da Igreja, no sermão do dia de Ano Novo, em 1642, perante o rei D. João IV e sua corte, terminava com a esperança de que a luta fratricida com a católica Castela em breve terminaria. Os Portugueses poderiam então banhar as suas espadas «no sangue dos hereges na Europa, sangue de mouros na África, sangue de gentios na Ásia e América, vencendo e subjugando todas as partes do

---

[39] Museu Britânico, ms. Sloane, 1572, fls. 58-60. Ainda não consegui identificar o autor anónimo deste curioso relato, escrito em mau espanhol.

A IGREJA E A EXPANSÃO IBÉRICA (1440-1770)

mundo a um só império, para que todos, sob a égide de uma coroa, possam ser gloriosamente colocados debaixo dos pés do sucessor de S. Pedro»[40]

A visão de Vieira de Portugal como o quinto império universal foi consolidada pela sua própria experiência missionária nas regiões selvagens da América do Sul. Chamou a atenção para o número exíguo de missionários que, mesmo nas circunstâncias mais favoráveis, estariam disponíveis para evangelizar os numerosos milhões de três continentes. Também acentuou a real impossibilidade de catequizar canibais hostis, armados de setas envenenadas, nos confins da floresta brasileira, que não deixavam ninguém aproximar-se deles. Destas premissas argumentava que não se poderia esperar que o trabalho de alguns milhares de missionários europeus fosse suficiente para a conversão do mundo ao cristianismo, por mais devotados e abnegados que eles fossem. Esta consumação, tão piedosamente desejada, teria de aguardar a intervenção direta de Deus, através do Seu reino de Portugal, como profetizado no Antigo Testamento e nas *Trovas de Bandarra*.

Vieira estava longe de estar só na crença de que a concordância entre o Livro de Daniel e o do Apocalipse, de S. João, *o Divino*, proporcionava a pista principal para a formação da história do mundo. Outros crentes incluíam Sir Harry Vane, que fora em tempos o governador puritano do Massachussetts e morrera na forca em Tower Hill, em 1662, e Sir Isaac Newton, o último grande espírito científico a levar a sério estas visões. As crenças milenaristas e apocalípticas estavam muito divulgadas no século XVII entre cristãos de todas as denominações, mas aqui só nos interessam os exemplos ibéricos. Do lado oposto de Vieira no mundo português, outro jesuíta, Fernão de Queiroz (1617-1688), redigia volumosas obras em Goa, nas quais demonstrava que estava próximo o aparecimento do quinto império universal sob a coroa de Portugal. Também os seus cálculos provinham principalmente do Livro de Daniel e do Livro do Apocalipse, mas eram reforçados pelas profecias de um humilde irmão laico jesuíta, Pedro de Basto (1570-1645), que era para Queiroz o equivalente do Bandarra para Vieira. Estes cálculos revelaram-se errados, uma vez

---

[40] *Apud* C. R. Boxer, *A Great Luso-Brazilian figure: Padre António Vieira, S. J., 1608-1697* (Londres, 1957, 1963), p. 12. O trabalho definitivo sobre este aspeto, de entre os muitos aspetos de Vieira, é o de Raymond Cantel, *Prophétisme et messianisme dans l'oeuvre d'Antonio Vieira* (Paris, 1960). Ver também a interessante comparação entre as ideias milenaristas de Vieira e as do seu contemporâneo crioulo peruano, fr. Gonzalo Tenorio, O. F. M., (1602-1682?), in Phelan, *The Millennial Kingdom of the Franciscans*, pp. 122-125.

UMA TENTATIVA DE BALANÇO

que profetizavam que o quinto império universal liderado por Portugal seria precedido pelo derrube final do Império Otomano em 1702[41]. Nem seria difícil enumerar outros missionários portugueses, que na Ásia, África ou América, igualmente se inspiraram nestas ideias messiânicas, apocalípticas e ultranacionalistas.

O que aqui considero importante é o facto de ser a sua crença fervorosa nestas ideias que os mantinha firmes e otimistas nas circunstâncias mais desencorajantes, quando os heréticos holandeses despedaçavam o império lusitano e quando os príncipes e potentados indígenas, desde o reino banto do Congo ao Japão de Tokugawa, expulsavam os Portugueses dos seus reinos. Apoiados nestas ardentes convicções, os resolutos missionários portugueses da Igreja argumentavam que esta crise particular por que estavam a passar era o momento mais sombrio antes da inevitável alvorada. Este triunfalismo, admitamos, tinha por vezes aspetos desagradáveis, como nas atitudes incrivelmente arrogantes e cegamente fanáticas de alguns missionários agostinhos portugueses na Pérsia safávida, em relação às comunidades arménias cristãs em Julfa e outros lugares[42]. Embora estas crenças milenaristas fossem gradualmente enfraquecendo durante o século XVIII com a infiltração em Portugal e no seu império de alguns aspetos do iluminismo, revelaram também ter uma duração espantosamente longa. Em 1725 encontramos o arcebispo de Goa, um prelado singularmente pugnaz que brigava furiosamente com vice-reis e jesuítas, firmemente convencido de que a inauguração da monarquia universal portuguesa era uma questão de poucos anos. «E a razão é que Deus escolheu deliberadamente os Portugueses de entre todas as outras nações para governar e reformar todo o mundo, com comando, domínio e império, tanto puro como misto, sobre todas as suas quatro partes e com promessas infalíveis para a

---

[41] Mais pormenores acerca das ideias milenaristas de Queiroz in C. R. Boxer, «Faith and Empire: The Cross and the Crown in Portuguese Expansion, 15th-18th centuries», *Terrae Incognitae* (1976), pp. 73-89. Sobre expansões semelhantes na Inglaterra do século XVII, ver J. G. A. Pocock, «Time, History, and Eschatology in the Thought of Thomas Hobbes», in *The Diversity of History: Essays in Honour of Sir Herbert Butterfield*, (orgs.) J. H. Elliot e H. G. Koningsberger (Nova Iorque, 1970), pp. 149-198; R. W. Southern, «Aspects of the European Tradition of Historical Writing, 3, History as Prophecy», *Transactions of the Royal Historical Society*, 5.ª Série, vol. 22 (Londres, 1972), pp. 159--180, especialmente pp. 177-180.

[42] Roberto Gulbenkian (org. e trad.), *L'Ambassade en Perse de Luís Pereira de Lacerda, et des Pères Portugais de l'Ordre de Saint Augustin, 1604-1605* (Lisboa, 1972), e a crítica de Pierre Oberling no *Journal of Asian History* 8 (1974), pp. 52-56.

A IGREJA E A EXPANSÃO IBÉRICA (1440-1770)

subjugação de todo o globo, que será unificado e reduzido a um só império, de que Portugal será o chefe.»[43] As regiões onde estas crenças messiânicas e milenaristas perduraram por mais tempo, se bem que em formas muito modificadas, mas ainda reconhecíveis, foram os sertões ou regiões interiores do Brasil, muito particularmente o vale do rio S. Francisco e as áridas regiões do Nordeste[44].

Vocações e entusiasmo missionários

É evidente que o entusiasmo missionário não foi despertado e mantido só por virtude destas crenças apocalípticas, por mais importantes e amplamente divulgadas que elas indubitavelmente o fossem em determinadas alturas e lugares. Para um homem, a vocação missionária poderia vir cedo ou tarde na vida; e se alguns indivíduos desde crianças desejavam converter os pagãos, para outros esse desejo vinha muito mais tarde. Muitos dos homens que na altura própria se tornaram missionários entraram a princípio nas ordens religiosas por razões muito diferentes; o desejo da salvação espiritual das suas próprias almas, de uma vida religiosa contemplativa, ou simplesmente na busca de paz e sossego, ou para se afastarem de mulheres[45]. A leitura das cartas enviadas pelos missionários, nos colégios, refeitórios e bibliotecas, certamente que despertou a vocação missionária em muitos homens, embora nunca possamos saber quantos. De igual modo, outros que a princípio não teriam pensado em se oferecer como voluntários para as missões no estrangeiro, foram induzidos a isso pelos esforços dos missionários que vinham aos seus respetivos países a fim de arranjarem novos recrutas para a Igreja de além-mar. Por uma razão ou outra, cerca de 15 000 jesuítas pediram para ser enviados para o campo missionário do ultramar, como o testemunham os seus pedidos originais que ainda se encontram nos arquivos jesuítas de Roma (os *Litterae-Indipetae*), como nos informa Dr. João Correia Afonso, S. J.

---

[43] Ignacio de Santa Teresa, «Estado do presente Estado da Índia», Goa, 1725, *apud* Boxer, *The Portuguese Seaborne Empire* (*O Império Marítimo Português, 1415-1825*, Edições 70, Lisboa), p. 374.

[44] Warren, Jr., «Portuguese Roots of Brazilian Spiritism», pp. 3-33.

[45] Thomas V. Cohen, «Why the Jesuits Joined, 1540-1600», *Canadian Historical Papers* (dezembro de 1974), pp. 237-257. Precisamos de mais trabalho de estatística sobre este assunto, se os documentos estiverem disponíveis. Este artigo não fala nem dos Portugueses nem dos Espanhóis.

UMA TENTATIVA DE BALANÇO

Inevitavelmente, nem todos perseveraram, como nem todos alcançaram o seu destino de origem. O frade dominicano inglês Thomas Gage, que fora recrutado em Espanha para a missão filipina – em grande medida pela perspetiva de aí levar uma vida fácil, a acreditarmos no seu próprio relato a este respeito –, optou pela vida regalada do México e Guatemala, onde nem semelhante ociosidade eram assim tão rara[46]. Por outro lado, os superiores viam-se, por vezes, em dificuldades com os seus subordinados que desejavam deixar as missões mais seguras e rotineiras em que estavam, para encarar a perspetiva do martírio numa outra mais perigosa. A propósito, os antigos soldados muitas vezes davam excelentes religiosos, como no dizer do provérbio espanhol, *fraile que fue soldado sale más acertado* – talvez em analogia com o caçador furtivo que se tornou guarda-caça[47].

Em conclusão, diria que, a despeito do progresso do deísmo, racionalismo e secularismo durante a primeira metade do século XVIII, muitas missões ainda estavam relativamente florescentes aquando da supressão da Companhia de Jesus no mundo ibérico, em 1759-1772. Este acontecimento traumatizante revelou-se fatal para algumas empresas, tais como as missões de Chaco e Paraguai, e provocou danos duráveis em muitas outras. Mas as vocações jesuítas continuavam a ser relativamente numerosas até à altura do golpe desferido à Companhia. Nos anos de 1754-1758, por exemplo, pelo menos 77 missionários jesuítas de várias nacionalidades, dos quais 48 eram portugueses, partiram de Lisboa em barcos portugueses para as missões do Padroado na Ásia[48]. Do outro lado do globo, 36 recrutas jesuítas da missão do Paraguai (dos 40 que tinham embarcado) chegaram a Montevideo, idos de Cádis, no próprio ano em que a Companhia era suprimida em todos os domínios espanhóis[49].

---

[46] *Thomas Gage's Travels in the New World* (org.), J. Eric S. Thompson (Norman, Okla., 1958). Sobre os 15 000 voluntários jesuítas, ver João Correia Afonso, S. J., «Indo-American Contacts through Jesuit Missionaries» (lido no trigésimo Congresso de Ciências Humanas na Ásia e Norte de África, Cidade do México, 3-8 de agosto de 1976: no prelo).

[47] Um dos muitos exemplos foi fr. Juan Pobre de Zamora que, depois de servir como soldado na Flandres, sob o comando do duque de Alba, se tornou irmão laico franciscano e um incansável missionário no Extremo Oriente, 1594-1615.

[48] Josef Wicki, S. J., «Liste der Jesuiten-Indien fahrer, 1541-1758), in Hans Flashe (org.), *Portugiesische Forschungen der Görresgesellschaft. Aufsätze zur Portugiesischen Kulturgeschichte*, vol. 7 (Munster e Westfalen, 1967), pp. 252-450, especialmente pp. 332--334.

[49] Philip Caraman, S. J., *The Lost Paradise: An Account of the Jesuits in Paraguay, 1607-1768* (Londres, 1975), p. 277.

A IGREJA E A EXPANSÃO IBÉRICA (1440-1770)

Mesmo ao norte da Nova Espanha, onde as missões de fronteira dos francis-canos e outros continuaram florescentes, a ponta de lança da Igreja ficou, a partir daí, seriamente embotada. Fossem quais fossem as deficiências huma-nas dos filhos de Loyola em outros aspetos, o historiador imparcial tem de concordar com o protestante Peter Mundy: «E, para falar a verdade, eles não se poupam a custos, nem labor, diligência ou perigo para atingir os seus fins» – *Ad majorem Dei gloriam* [50].

Ao tentarmos retirar algumas conclusões muito experimentais deste breve estudo analítico da expansão e consolidação da Igreja sob o padroado das coroas portuguesa e castelhana, verificamos que os resultados duráveis varia-vam muito. Iam desde o sucesso das conversões em massa em certas regiões, das quais a Nova Espanha do século XVI é o exemplo principal, ao insucesso total noutros países, como o Camboja, onde o número de indígenas converti-dos não excedia os dedos de duas mãos. Algumas das razões desta variação são bastante óbvias – falta de pessoal missionário adequado – e outras já aqui mencionadas e analisadas. No que diz respeito à qualidade dos convertidos, isso também variava muito, desde os puramente nominais «cristãos do arroz» aos convertidos-modelo no Vietname que tinham abandonado todos os traços do seu paganismo.

O sincretismo existia em todo o lado; mas não se deve dar demasiada importância a este problema. Por exemplo, no catolicismo popular do México e do Peru ainda existem elementos ameríndios de base ou superficiais. Mas mais importante do que a sobrevivência obstinada das crenças autóctones da pré-conquista é a aceitação geral do catolicismo como elemento dominante nas crenças rituais e práticas religiosas contemporâneas. Isto foi o resultado da obra dos missionários da Igreja, literalmente – e pela última vez – da China ao Peru. Na Velha Goa, por exemplo, os cristãos indianos ainda mantêm a prática do sistema de castas, pelo menos em teoria; mas a sua devoção à Igreja é mais profunda do que a da maioria dos seus correlegionários europeus.

Assim, também o fluxo e refluxo do entusiasmo missionário tem variado através dos séculos; mas o zelo dos campeões da Igreja ainda persistia em muitas regiões no final do Antigo Regime, a despeito do golpe fatal desferido em algumas missões florescentes com a supressão da Companhia de Jesus em 1759-1772. Para melhor ou pior, é natural que a América Latina permaneça fundamentalmente católica num futuro previsível, a despeito das incursões

---

[50] *The Travels of Peter Mundy, 1608-1667*, vol. 3, pt. 1, *1634-1637* (Londres, 1919), p. 164.

UMA TENTATIVA DE BALANÇO

feitas pelo positivismo, protestantismo, comunismo, etc. Na África e na Ásia, os católicos sempre foram, e parece provável que assim continue, grupos minoritários nas suas respetivas terras – excetuando as Filipinas. Mas como nos diz o provérbio japonês, «quando se fala do futuro, os corvos riem», e não tenho pretensões de ser profeta. A mera sobrevivência destas minorias cristãs através das vicissitudes de mais de três séculos é um tributo ao trabalho dos dedicados missionários da Igreja em tempos passados.

Índice Remissivo

Aberrações sexuais, 95, 99

Acosta, José de, 27, 52, 56, 57, 59

Afonso I (rei do Congo), 13

Afonso V (rei de Portugal), 15

Agostinhos: no Peru, 80, 124; nas Filipinas, 78; no Vietname, 38

Albornoz, Bartolomé de, 43

Albornoz, Rodrigo, 25

Alcântara Guerreiro, cónego, 20

Almeida, Pedro de, 61

Alva Ixtlilxochital, Fernando de, 59

Álvares, Gaspar, 19

Amantes de la Croix, no Vietname, 37

Ambuíla, batalha de, 19, 117

Anchieta, José de, 54, 83

António I (rei do Congo), 117

Arménios, 127

Arrais, Amador, 98, 99

Auto de fé, 96

Autos (peças): no Ceilão, 62; no Japão, 69

Aveiras, conde de, 91

Azeredo Coutinho, José Joaquim da Cunha de, 41

Bandarra, 125, 126

Barros, João de, 14, 42, 52, 64, 100

Bartolomeu dos Mártires (arcebispo de Braga), 55

Basto, Pedro de, 63, 126

Bayle, Constantino, 83, 84, 87

Bayle, Pierre, 102

Beatriz, D. [pseud. Kimpa Vital], 117

Belloc, Hilaire, 47, 105, 114

Bento XIV (papa), 120

Borges, Pero, 23

Bórgia, Serafim Maria de, 39

Brandão, D. António, 23

Budismo, 39, 63, 115

Cabral, Francisco, 32, 34

Camboja, o fracasso do empreendimento missionário no, 39, 105

Canarim, 23, 24

Cão, Gaspar (bispo de S. Tomé), 16

Castro, Mattheus de (bispo brâmane), 22, 23, 113

A IGREJA E A EXPANSÃO IBÉRICA (1440-1770)

Catecismos, 51-53, 72, 101

Cerqueira, Dom Luís de, 33,93

Chirino, Pedro, 72

Clemente XI (papa), 92

Clero: tensões entre diferentes ordens de, 78-82

Clero brâmane, 22-25

Clero chinês, 34-37

Clero indiano (goês), 22-24

Clero indígena: ameríndio e mestiço, 24-28, 30-32; negro na América espanhola, 28-30; chinês, 34-37; da África Oriental, 20-21; filipino, 32; goês, 22-24; japonês, 32-33; do Vietname, 37-38; da África Ocidental, 12-20

Clero japonês, 32-33

Conain, Antoine, 37

Confessionarios, 54, 55

Conversos, 94,95

Convertidos: persistência e resistência dos, 120; como potencial quinta--coluna, 110-111; quantidade e qualidade de, 103-110

Convertidos, sobreviventes pagãos e sincréticos dos: na China, 120; no Congo, 116-117; na Índia, 119-120; em Moçambique, 118-119; no Peru, 115-116; nas Filipinas, 120-121

Correia Afonso, João, 104, 128, 129

Cortés (Cortez), Hernan, 123

Criptojudaísmo, 98

Cristãos-novos, 94, 95, 97-99

Cruz, Gaspar da, 64, 66, 121

Cultura chinesa, atitudes relativas à, 64-66

Cultura japonesa, 64-70

Culturas africanas, atitudes relativas às, 56-58, 116-119

Culturas ameríndias, atitudes relativas às, 57-60

Culturas indianas, atitudes relativas às, 60-63

Cunha, Nuno da, 91

Cunninghame Graham, R. B., 23

Cuschner, Nicholas, 46

«Da China ao Peru» (citação de Sir William Temple), 112, 122, 130

Delgado, Juan, 72, 73

Doctrina Christiana, 51, 52, 65

Dominicanos, 22, 34, 35, 38, 43, 71, 78, 80, 86, 97, 109, 123, 124

Du Halde, Jean-Baptiste, 66

Entusiasmo missionário: fluxo e refluxo do, 121, 128-131; no Império Português, 124-128; na América espanhola, 122-124

Escravatura dos negros, a Igreja e a, 39-47

Feitiçaria e magia, reações à, 95, 114--115, 118-119

Fernández Navarrete, Domingo, 65, 71, 72, 79

Figueroa, Francisco de, 83

Filipe II (rei de Castela; também Filipe I, rei de Portugal), 78, 82, 95

Filipinas, êxito missionário nas, 71-73; ver também Filipinos.

Filipinos: cristianização dos, 120; lealdade dos, 71-72; potencial dos, como padres, 32, 72-73; louvados e criticados,71-73

Flecknoe, Richard, 91

Frades capuchinhos: ingleses anónimos, 125; na África Ocidental, 17-20, 84-85, 92-93, 118

Franciscanos, 13, 19, 22-25, 34, 35, 39, 60, 71, 78, 80, 85, 122-124, 130; ver também Capuchinhos

Fritz, Samuel, 84, 85

ÍNDICE REMISSIVO

Gage, Thomas, 129
Gante, Pedro de, 123
Garcia, Francisco, 22, 62, 63
Garcia II (rei do Congo), 113
Gaspar de San Agustin, 72, 73
Gaubil, Antoine, 66
Gay, Peter, 49
Gente de razón, 26, 95
Gente miserable, 26, 30
Glaser, Edward, 98
Gonçalves, Sebastião, 62
González de Acuña, D. Antonio, 30
González de Mendoza, Juan, 64-66
Granada, Luís de, 55, 100
Guadalupe, Virgem de, 116
Guerra, Francisco, 54
Guias e manuais para párocos, 55

Hamilton, Alexander, 86
Henrique, D. (prelado congolês), 13
Henrique, Infante, 13
Hervás y Panduro, Lorenzo, 54
Hideyoshi, Toyotomi, e o cristianismo, 110
Hinduísmo, atitudes relativas ao 60-63, 119, 120
Hudson, G.F., 64
Humboldt, Alexander von, 59, 87

Ilhas de Cabo Verde, clero indígena das, 17, 18
Iluminismo, 24, 31, 45, 49, 101, 127
Imprensa: devota, 51-56; linguística e gramatical, 53-54; imprensa exótica, 51-56
Influências milenaristas, 121-128
Ingoli, Francesco, 94
Inocêncio X (papa), 91
Inquisição: censura pela, 94, 99-101; e os criptojudeus, 95-100; declínio da, 101-102; e as aberrações sexu-

ais, 99-100; e a feitiçaria/magia, 95, 114

Jesuítas: conversões forçadas pelos, 109-110; sua atitude em relação ao potencial banto, 57-58; sua atitude em relação ao clero de cor, 17-20, 22-28, 32-38; sua atitude em relação ao tráfico de escravos, 34-47; natureza internacional dos, 92-94; entusiasmo missionário dos, 128-131; suas relações com outras ordens e com o clero secular, 77-81; supressão dos, 81, 130
João II (rei de Portugal), 13
João III (rei de Portugal), 14, 95, 106
João IV (rei de Portugal), 20, 21, 69, 78, 91, 125
João V (rei de Portugal), 92
Joaquim de Fiora, 122

K'ang-hsi (imperador manchu da China), 37, 104

Landa, Diego de, 57, 58
Las Casas, Bartolomé de, 41, 45, 57, 59, 82, 83, 107
Le Comte, Louis, 65
Leão X (papa), 13, 88
Lettres Edifiantes et Curieuses, 65
Linhares, conde de, 68, 79
Linschoten, Jan Huigen van, 67
Litterae Indipetae, 128
Livro de Daniel, 125, 126
Livro do Apocalipse, 126
Lopez, Gregorio (Lo Wen-Tsao), 34, 36
Luanda, o clero indígena em, 18-19
Ly, André, critica a arrogância racial europeia, 36

Margill de Jesus, Antonio, 84
«Marranos», 95, 98

Mbanza Kongo (São Salvador do Congo), 13, 117

Medina, Alonso de, 53

Mendes, Dom Affonso, 23

Mendieta, Geronimo de, 28, 123

Mercado, Tomás de, 43, 44

Mercedários, 80, 124

Mestiços, atitudes em relação aos, 24--32

Miguel de Apresentação (monge dominicano banto), 21

Missão como instituição de fronteira, 81-87

Missão japonesa, 69-70, 92, 105-106, 110-111

Missions Étrangères de Paris (MEP), 35, 36, 90

Misticismo apocalíptico, 121-128

Molina, Alonso de, 54

Monomotapa, 21, 104, 118

Montufar, Alonso de, 41, 42

Movimento messiânico antoniano, 117--118

Mulheres: como catequistas no Vietname, 37; crítica das mulheres ameríndias, 123; coragem das mulheres japonesas, 111; papel das mulheres criptojudias, 98

Münzer, Jerome, 13

Nassau-Siegen, Johan-Maurits, conde de, 45

Nobili, Roberto de, 50, 62

Obscurantismo português, 100-101

Oliveira, Fernando (padre), denuncia o tráfico de escravos na África Ocidental, 42-43

Opúsculos e sermões antijudaicos, 56, 98

Ortiz, Tomás, 121

Padroado português, 10, 38, 39, 61, 87-94, 102, 106, 129, 130

Palafox y Mendoza, D. Juan, 29, 112

Pallu, François, 37-39

Paraguai, missões jesuítas no, 77-78, 81, 84, 130

Patronato (Patronazgo) castelhano, 10, 24, 28, 75, 83, 87-90, 93, 94

Paulo III (papa), 40

Paulo de Trindade, 62, 85

Pedro Claver. S., 44

Pedro II (rei de Portugal),44, 79

Peixoto, António, 62

Peña Montenegro, Alonso de la, 29, 30, 55

Pérez, Manuel, 55

Pérez Dasmariñas, Luis, 93

Pinto, João (sacerdote africano), 17

Pizarro, Francisco, atitude cínica de, 123

Poma de Ayala, Felipe Guaman, 80, 81

Pombal, marquês de, 20, 24, 81, 86, 90, 101

Preconceito de raça: clero africano e o, 12-21; clero ameríndio e o, 24-32; clero asiático e o, 22-24, 32-40; escravatura e, 40-47

Propaganda Fide, Congregação da, 23, 35, 38, 54, 90, 93, 94

Queiroz, Fernão de, 63, 64, 126, 127

Quôc-Ngu, 73, 74

Rada Martín de, 64, 66

Realeza das coroas ibéricas, 88-92, 102

Recopilación, 95

Rhodes, Alexander de, 37, 38

Ribeiro Gaio, D. João, 93

Ricci, Matteo, 34, 50, 65

Rist, Valerius, 39

Ritos chineses, 35, 94, 120

ÍNDICE REMISSIVO

Ritos do Malabar, 62, 121
Rivadavia, Joaquim de, 90
Rodrigues (Tçuzzu), João, 53, 68, 70
Rougemont, François de, 34, 35
Rozmital, Leo de, 15

Sá, Lucas de (sacerdote brâmane), 24
Sahabun, Bernardino de, 57
Sandoval, Alonso de, 44, 45
Santo Elói (Mosteiro), 14, 15, 18
Santos, João dos, 118
São Salvador do Congo, 13, 117
São Tomé (ilha), 13, 15, 16, 18, 21, 63, 76, 93; clero de, 16-18; seminário em, 16-18
Sebastianismo, 125-128
Sigüenza y Góngora, Don Carlos, 59, 60
Silva Rego, António da, 50, 61, 106
Simões, Gaspar, 84
Sequeira, Manuel de (jesuíta chinês), 34
Sobreviventes pagãos, 113-121
Solórzano Pereira, Juan de, 90
Spinola, Antonio Ardizone, 21
Stevens, Thomas, 61
Strauss, Gerald, 114

Temple, Sir William, 112
Tlateloco, colégio de, 25
Tramallo, Lorenzo, 21
Trancoso, Gonçalo Fernandes, 62, 63
Trento, Concílio de, 26, 27, 29, 30, 76, 77, 89
Trigault, Nicholas, 65
Triunfalismo, 104, 127
Tupac Amaru, 113

Turan, Xá, 99

Ulhoa, D. Martinho de (bispo), 16
Urbano VIII (papa), 89
Uriate, Manuel, 83

Valencia, Martin de, 60
Valignano, Alexandro, 33, 35, 70, 93
Vázquez de Espinosa, Antonio, 124
Verney, Luís António, 102
Vieira, António: sua atitude ambivalente em relação à escravatura dos negros, 44-46; critica os monges, 78-79; e a Quinta Monarquia, 125-128; em Ipiapaba, 84-85; sobre os convertidos ameríndios, 107; sobre o clero de Cabo Verde, 17; sobre a vocação missionária de Portugal, 87
Vietnamitas, grande potencial como convertidos, 28-38, 73-74
Vilanova, Francisco de (bispo), 16
Viseu, duque de, 15, 40
Vocações missionárias, 128-131

Welt Bott, 65
Wicki, Josef, 62, 63, 89, 104, 129

Xavier, São Francisco, 32, 34, 52, 64, 93, 104

Yung-Chen (imperador manchu da China), 111

Zorita (Zurita), Alonso de, 59
Zumarraga, Francisco de, 25

Índice

AGRADECIMENTOS.   7

PREFÁCIO   9

CAPÍTULO I. RELAÇÕES RACIAIS 11
    O clero indígena 12
    A Igreja e a escravatura dos negros. 39

CAPÍTULO II. INTERAÇÕES CULTURAIS 49
    A palavra escrita e a expansão da Fé. 51
    A Igreja militante e as culturas africana e ameríndia 56
    A Igreja militante e as culturas asiáticas 60

CAPÍTULO III. PROBLEMAS DE ORGANIZAÇÃO 75
    O clero regular e o secular 75
    A missão como instituição de fronteira. 81
    Ao serviço das duas majestades – Padroado e Patronato 87
    A Inquisição e as missões ibéricas 94

CAPÍTULO IV. UMA TENTATIVA DE BALANÇO. 103
    Qualidade e quantidade dos convertidos. 104
    A persistência da idolatria e do cristianismo sintético 113
    O fluxo e o refluxo do entusiasmo missionário 121

ÍNDICE REMISSIVO. 133

LUGAR DA HISTÓRIA

1. *A Nova História*, Jacques Le Goff, Le Roy Ladurie, Georges Duby e Outros
2. *Para uma História Antropológica*, W. G. I., Randles, Nathan Watchel e Outros
3. *A Concepção Marxista da História*, Helmut Fleischer
4. *Senhorio e Feudalidade na Idade Média*, Guy Fourquin
5. *Explicar o Fascismo*, Renzo de Felice
6. *A Sociedade Feudal*, Marc Bloch
7. *O Fim do Mundo Antigo e o Princípio da Idade Média*, Ferdinand Lot
8. *O Ano Mil*, Georges Duby
9. *Zapata e a Revolução Mexicana*, John Womack Jr.
10. *História do Cristianismo*, Ambrogio Donini
11. *A Igreja e a Expansão Ibérica*, C. R. Boxer
12. *História Económica do Ocidente Medieval*, Guy Fourquin
13. *Guia de História Universal*, Jacques Herman
15. *Introdução à Arqueologia*, Carl-Axel Moberg
16. *A Decadência do Império da Pimenta*, A. R. Disney
17. *O Feudalismo, Um Horizonte Teórico*, Alain Guerreau
18. *A Índia Portuguesa em Meados do Século XVII*, C. R. Boxer
19. *Reflexões Sobre a História*, Jacques Le Goff
20. *Como se Escreve a História*, Paul Veyne
21. *História Económica da Europa Pré-Industrial*, Carlo Cipolla
22. *Montaillou, Cátaros e Católicos numa Aldeia Occitana (1294-1324)*, E. Le Roy Ladurie
23. *Os Gregos Antigos*, M. I. Finley
24. *O Maravilhoso e o Quotidiano no Ocidente Medieval*, Jacques Le Goff
25. *As Instituições Gregas*, Claude Mossé
26. *A Reforma na Idade Média*, Brenda Bolton
27. *Economia e Sociedade na Grécia Antiga*, Michel Austin e Pierre Vidal Naquet
28. *O Teatro Antigo*, Pierre Grimal
29. *A Revolução Industrial na Europa do Século XIX*, Tom Kemp
30. *O Mundo Helenístico*, Pierre Lévêque
31. *Acreditaram os Gregos nos seus Mitos?*, Paul Veyne
32. *Economia Rural e Vida no Campo no Ocidente Medieval (Vol. I)*, Georges Duby
33. *Outono da Idade Média e Primavera dos Novos Tempos?*, Philippe Wolff
34. *A Civilização Romana*, Pierre Grimal

35. *Economia Rural e Vida no Campo no Ocidente Medieval (Vol. I)*, Georges Duby
36. *Pensar a Revolução Francesa*, François Furet
37. *A Grécia Arcaica de Homero a Ésquilo (Séculos VIII-VI a.C.)*, Claude Mossé
38. *Ensaios de Ego-História*, Pierre Nora, Maurice Agulhon, Pierre Chaunu, Georges Duby, Raoul Girardet, Jacques Le Goff, Michelle Perrot, René Remond
39. *Aspectos da Antiguidade*, Moses I. Finley
40. *A Cristandade no Ocidente 1400-1700*, John Bossy
41. *As Primeiras Civilizações – da Idade da Pedra aos Povos Semitas*, dir. de Pierre Lévêque
44. *O Fruto Proibido*, Marcel Bernos, Charles de La Roncière, Jean Guyon, Philipe Lécrivain
45. *As Máquinas do Tempo*, Carlo M. Cipolla
46. *História da Primeira Guerra Mundial 1914-1918*, Marc Ferro
48. *A Sociedade Romana*, Paul Veyne
49. *O Tempo das Reformas (1250-1550) – Vol. I*, Pierre Chaunu
50. *O Tempo das Reformas (1250-1550) – Vol. II*, Pierre Chaunu
51. *Introdução ao Estudo da História Económica*, Carlo M. Cipolla
52. *Política no Mundo Antigo*, M. I. Finley
53. *O Século de Augusto*, Pierre Grimal
54. *O Cidadão na Grécia Antiga*, Claude Mossé
55. *O Império Romano*, Pierre Grimal
56. *A Tragédia Grega*, Jacqueline De Romilly
57. *História e Memória – Vol. I*, Jacques Le Goff
58. *História e Memória – Vol. II*, Jacques Le Goff
59. *Homero*, Jacqueline De Romilly
60. *A Igreja No Ocidente – das Origens às Reformas no Séc. XVI*, Mireille Baumgartner
61. *As Cidades Romanas*, Pierre Grimal
62. *A Civilização Grega*, François Chamoux
63. *A Civilização do Renascimento*, Jean Delumeau
64. *A Grécia Antiga*, José Ribeiro Ferreira
65. *A Descoberta de África*, Catherine Coquery-Vidrovitch (org.)
66. *No Princípio eram os Deuses*, Jean Bottéro
67. *História da Igreja Católica*, J. Derek Holmes, Bernard W. Bickers
68. *A Bíblia*, Françoise Briquel-Chatonnet (org.)
69. *Recriar África*, James L. Sweet
70. *A Conquista. Destruição dos Índios Americanos*, Massimo Livi Bacci

71. *A Revolução Francesa. 1789-1799*, Michel Vovelle
72. *História do Anarquismo*, Jean Préposiet
73. *Bizâncio. O Império da Nova Roma*, Cyril Mango
74. *Declínio e Queda do Império Habsburgo*, Alan Sked
75. *História dos Judeus Portugueses*, Carsten Wilke
76. *A Expansão Marítima Portuguesa, 1400-1800*, Francisco Bethencourt e Diogo Ramada Curto (orgs.)
77. *História do Anti-Semitismo*, Trond Berg Eriksen, Hakon Harket e Einhart Lorenz
78. *Cultura Política no tempo dos Filipes (1580--1640)*, Diogo Ramada Curto
79. *Malhas que os Impérios Tecem. Textos Anti-coloniais, Contextos Pós-Coloniais*, Manuela Ribeiro Sanches (org.)
80. *Outubro: A Revolução Republicana em Portugal (1910-1926)*, Luciano Amaral (org.)
81. *As Grandes Revoluções e as Civilizações da Modernidade*, Shmuel Noah Eisenstadt
82. *A Diplomacia do Império*, Miguel Bandeira Jerónimo
83. *A Perseguição aos Judeus e Muçulmanos de Portugal. D. Manuel I e o Fim da Tolerância Religiosa (1496-1497)*, François Soyer